初中 7-9 年级，

孩子厌学、成绩提升慢

怎么办

13-16岁（初中3年），让孩子快乐学习、爱上学习、 方舟 主编

快速提升成绩的实用方法大汇集

朝华出版社

图书在版编目（CIP）数据

初中7-9年级,孩子厌学、成绩提升慢怎么办 / 方舟主编. —北京:朝华出版社,2010.10
ISBN 978-7-5054-2540-8

Ⅰ.①初… Ⅱ.①方… Ⅲ.①中学生-学习方法②中学生-家庭教育 Ⅳ.①G632.46②G78

中国版本图书馆 CIP 数据核字(2010)第 201669 号

初中7-9年级,孩子厌学、成绩提升慢怎么办

主　　编	方　舟

选题策划	杨　彬　　王　磊
责任编辑	王　磊
责任印制	张文东
封面设计	荆棘设计

出版发行	朝华出版社		
社　　址	北京市车公庄西路 35 号	邮政编码	100048
订购电话	(010)68413840　68433213		
传　　真	(010)88415258　（发行部）		
联系版权	j-yn@163.com		
网　　址	www.mgpublishers.com		
印　　刷	三河市三佳印刷装订有限公司		
经　　销	全国新华书店		
开　　本	787mm×1092mm　1/16	字　　数	200 千字
印　　张	16		
版　　次	2010 年 12 月第 1 版　2010 年 12 月第 1 次印刷		
装　　别	平		
书　　号	ISBN 978-7-5054-2540-8		
定　　价	29.80 元		

序　言

　　每当接手新一届的初中孩子时，我都会给他们的家长开一个会。在会上，我会问这些孩子的家长们："你最怕孩子出现什么问题?"家长们的说法形形色色，但荣登排名榜前两位的始终都是这样两点：孩子厌学以及孩子成绩提升太慢。

　　在教学过程中，每一年我都会碰到这样的情况：

　　许多家长向我反映，孩子不想上学，一提到"学习"两个字就皱眉头，还有的家长因为这个原因想为孩子转学或退学。

　　的确，纵观目前初中孩子的学习状况，他们中的许多人都存在着或多或少的厌学情绪，学习带有浓厚的"苦学"色彩。自然，厌学的后果也是人尽皆知的——孩子心理涣散，对什么都没有兴趣，学习成绩一落千丈，最终学无所成。

　　此外，在教学的过程中，我还常常会接触到这样的情况：

　　许多家长来学校找我时，常常是一脸担心的样子，一问，都是因为孩子成绩提升太慢——我们做家长的该帮的也帮了，孩子也努力了，但就是不见成效，孩子都快对自己失去信心了。难道我们的孩子不是学习的材料?

不可否认，我们当前的教育，仍然是应试制度的天下，在这种大局势下，决定孩子前途命运的仍然是孩子的考试成绩，成绩几乎决定一切。也正因为如此，分数，不仅成为了孩子的"命根"，也成为了很多家长心头的一块隐痛。如果孩子的成绩长期得不到提升，那就意味着孩子将与重点高中无缘，就意味着孩子很可能不能迈入重点大学，就意味着很可能将来孩子不能成才或找不到一份好的工作，就意味着家长寄托在孩子身上的人生理想不能实现！想到这一切的一切，家长怎能不心急如焚呢！

　　特别是从孩子的角度来说，长期的努力却换不来更好的成绩，对他自信心的打击又是何其之大。长期处在这样一种"不得提高""不见喜人成绩"的状态下，孩子学习的动力、学习的热情，自然会渐渐衰竭，发展成为一个厌学的孩子、一个自暴自弃的孩子！

　　厌学、成绩提升慢，孩子就像陷入了一个幽深、无底、缠人的泥淖，让孩子无奈叹息，更让家长心痛不已！

　　在教育方面，我一直持有这样一种观点："改变孩子的未来，就从改变孩子的现在开始！"对于初中生的教育来说，这样的方法同样适用。孩子身上出现问题了，出现不好的倾向了，怎么办？做父母的就必须立即行动起来，给予足够的重视，付出有效的行动，给予孩子最急需的帮助，拉孩子一把，拽孩子一下，把他从厌学、成绩提升慢的泥淖里"拔"出来！

　　怎么拔？要让孩子由"厌学"变"乐学"，由成绩提升慢到快速提升成绩，家长应该怎么说、怎么做？

　　这也正是本书《初中 7-9 年级，孩子厌学、成绩提升慢怎么办》所要详尽解析的一个问题。

　　本着"想孩子之所想，急家长之所急"的原则，本书分为 6 个部分，对如何改变孩子的厌学状态，激发他们的学习信心、进取的动力，提升他们的学习成绩，进行了比较详细而具体的阐述。

　　如何帮初中孩子获得学习的信心、进取的动力——该章列举了多种实用、科学、颇具操作性的方法，以便家长有针对性地帮助孩子"强大心灵"。

增强初中孩子的学习动力，父母要说哪些话、做哪些事——使孩子积极投入到学习状态中去，该章为家长们提供了多个锦囊。

初中 7－9 年级，"厌学"变"乐学"的那些技巧——对如何全面提升孩子的学习能力，做出了详细的归纳和建议。

初中 7－9 年级，快速提升孩子成绩的十大窍门——好成绩源于好方法，本章所要给出的正是这些"好方法"。

初中 7－9 年级，如何应对孩子的学习难题——家长帮助孩子一同解除这些障碍，孩子就会从"山重水复疑无路"走入"柳暗花明又一村"。

初中 7－9 年级，生活中影响初中孩子学习状态的那些事——家长们应提高警惕，用切实行动帮助孩子驱除那些拖垮孩子成绩的消极因素。

以上这些，即是本书将要呈现给家长们的一些具体内容和主要方法，希望我的工作实践，能够给为孩子殚精竭虑的家长们带来切实有效的帮助，为孩子的成长撑起一片蔚蓝天空！

改变孩子的未来，就从改变孩子的现在开始！

 CONTENTS 目录

第一章　如何帮初中孩子获得学习的信心，进取的动力 ………………………………………… 001

1 初中阶段，给孩子一个新的起点 ……………… 003

　　（1）利用"新开端"让孩子重建信心

　　（2）为孩子的"崛起"寻找理由

2 让孩子做学习的主人 ……………………………… 008

　　（1）不要一放学就叮嘱孩子赶紧学习

　　（2）孩子学习上的事，多与他商量

3 让孩子产生明确的学习目的 …………………… 014

　　（1）学习内容不同

　　（2）学习方法不同

4 理想是最能帮助孩子前进的动力 …………… 018

　　（1）发现孩子的爱好，引发孩子的理想

　　（2）多和孩子谈论些生活中遇到的工作类型

5 为孩子创造更多的成功体验 …………………… 022

6 让孩子知道"我很棒" …………………………… 025

7 做孩子的拉拉队队员，帮孩子打气加油 …… 028

　　（1）只能报喜，不能报忧

　　（2）别注重分数、排名，着重找原因

8 开阔孩子的视野 ··· 033

   （1）让孩子每天读报纸、看新闻

   （2）带孩子去旅行

第二章　增强初中孩子的学习动力，家长要说哪些话，

**　　　　做哪些事** ··· 037

1 激发孩子的学习兴趣，求知欲望 ······················· 039

2 让孩子身处愉快的学习氛围中 ························· 043

3 给孩子营造一个积极向上，力争上游的氛围 ········ 046

4 对孩子要有期望值，但期望值不能过高 ············· 048

5 不逼迫孩子学习，而是引导孩子学习 ··············· 051

6 不要给孩子贴负面"标签" ··························· 053

7 从孩子众多的缺点中发掘出"唯一的优点" ········· 056

8 帮孩子战胜惰性 ······································ 060

   （1）闹钟一响，马上起床——锻炼孩子的行动力

   （2）让孩子学着洗衣、做饭

9 运用"比较"的方法刺激孩子 ······················· 064

   （1）横向比——引导孩子和他人比

   （2）纵向比——引导孩子和自己比

10 与老师和孩子都多多交流 ···························· 067

   （1）多与老师沟通，问问孩子的近况

   （2）多与孩子沟通，问问他的困惑和苦恼

11 及时帮孩子排解压力 ································· 070

   （1）不说"你必须……"，而说"尽力了就是好样的"

   （2）多鼓励，少批评

12 不问成绩，只说"无论如何，父母都爱你" ············· 074

13 为孩子创造多条"成功的路" ····················· 077

 （1）着重培养孩子某一方面的才能

 （2）培养孩子吃苦耐劳的精神

第三章　初中7－9年级，"厌学"变"乐学"的那些技巧 ························· 081

1 做学习计划的能力——孩子学会学习的"前奏" ········ 083

 （1）学习计划既要"详"又要"实"

 （2）学习计划既要"定"又要"变"

2 提升孩子的自学能力——准备一个知识重点本 ··········· 087

3 从错题入手，用成绩去提升孩子的自信心 ············· 089

4 注重孩子总结归纳能力的提升 ····················· 092

 （1）教孩子写读书笔记

 （2）常和孩子探讨问题

5 加强思维能力的锻炼 ····························· 098

 （1）培养孩子独立思考的习惯

 （2）激疑法——让孩子经常处在问题情景中

6 提高孩子的注意力 ······························· 103

 （1）不干扰孩子做他喜欢做的事情

 （2）一步一步引导孩子

7 锻造孩子的意志力 ······························· 107

 （1）让孩子接受一些挫折教育

 （2）教孩子学会权衡利弊

8 给孩子的记忆力"补钙" ·························· 113

 （1）图示记忆法——将抽象的文字转变成形象的事物

 （2）注重随时随地培养孩子的观察力

目录

第四章　初中 7-9 年级，快速提升孩子成绩的十大

窍门 …………………………………………………………… 119

1　给孩子介绍科学的学习方法 …………………………… 121

（1）课前预习——让孩子每时每刻都领先一步

（2）课后复习——让知识在孩子的头脑里扎根

2　帮助孩子利用好课堂 45 分钟 ………………………… 126

（1）绝不开小差，紧跟老师思路

（2）老师强调的地方，往往是本节课的重点或难点

（3）记笔记、听课，两不误

3　指导孩子利用好假期 …………………………………… 134

（1）周末——理科以计算为主，文科以作文、阅读为主

（2）寒暑假——复习上学期学习的内容，预习下学期要学的内容

4　提高孩子成绩，家长必须走的两条捷径 …………… 140

（1）陪孩子选一两本好的练习册

（2）帮助孩子找出知识漏洞

5　提升学习效率 …………………………………………… 145

（1）对孩子进行限时做题的训练——提高解题速度

（2）训练孩子做题的准确率——提高卷面的得分率

6　帮助孩子找到"对路"的学习方法 ………………… 150

（1）成绩不好抓基础

（2）成绩超好攻难点，攻课外

7　从成绩不佳到成绩超佳的两个技巧 ………………… 156

（1）有疑就必须问，不让问题过夜

（2）寻找自己学习的薄弱环节

8　考试技巧——提高成绩的一些途径 ………………… 160

（1）考试之前，千万不要让孩子搞疲劳战术

（2）让孩子明白，在考试中减少失误，就是在接近成功

（3）让孩子掌握必要的考场技巧

9 教孩子利用好考试的结尾阶段 ························· 168

（1）无所事事型的孩子：认真做好检查工作

（2）手忙脚乱型的孩子：抓紧时间补救

10 充分利用好"朋友"这个资源 ····················· 171

（1）为孩子找一个患难与共的"战友"

（2）替孩子寻一个齐头并进的"对手"

第五章　初中 7 - 9 年级，如何应对孩子的学习难题········· 175

1 关于偏科——找原因，对症下药 ···················· 177

（1）让孩子认识到偏科的危害性

（2）摸清孩子偏科的原因，对症下药

2 内容太难——逃避不能解决问题 ···················· 181

3 成绩提高太慢——帮孩子克服学习焦虑症 ··········· 183

4 成绩起伏很大——理解并引导孩子 ················· 186

5 排名太靠后——倒数第一也不可怕 ················· 188

6 关于请家教——根据孩子的实际情况而请 ··········· 190

（1）视孩子的情况而定

（2）不能"全面开花"，请两个足矣

7 不喜欢某位老师——消除孩子对老师的抵触情绪 ········· 196

第六章　生活中影响初中孩子学习状态的那些事 ··········· 199

1 网络成瘾——不能靠"堵"，要靠"疏" ··········· 201

（1）应对网络游戏——培养孩子广泛的兴趣爱好

（2）应对"网恋"——不打，不骂，摆事实

目
录

2 关于早恋——正确认识孩子的早恋倾向 ·················· 207

(1) 及时发现孩子的早恋倾向

(2) 在任何时候都要相信孩子

3 关于偶像崇拜——既不放手让孩子追，也不阻止他去追 ··· 212

4 关于学"坏"——让孩子树立正确的是非观念 ·········· 216

(1) 及时发现孩子变"坏"的征兆

(2) 让孩子树立正确的是非观念

(3) 让孩子在心中树立自己的光辉形象

5 孩子结交"损友"——与孩子的朋友成为朋友 ·········· 224

6 孩子酷爱读闲书——引导孩子合理安排时间 ·········· 227

7 孩子爱看电视——家长要做出点儿牺牲 ·················· 230

(1) 对于一般爱看电视的孩子——给孩子的行为设置限定

(2) 对于特别爱看电视的孩子——家长要以身作则，做出点儿牺牲

8 老师不重视——告诉孩子，只有自己重视自己，老师才会

重视你 ··· 233

9 孩子与同学相处不好——告诉孩子要"大度" ·········· 236

10 孩子选择放弃自己——试着放手让孩子自己去飞 ········ 239

第 一 章

如何帮初中孩子获得
学习的信心，进取的动力

孩子升上初中以后，面对知识难度的突然提升、科目的增加以及老师教学方式的改变等，自然会产生不适应的感觉，而在这些"不适应"的影响下，孩子很容易就会丧失学习的自信心、进取的动力。

这时，作为孩子的家长，就要积极行动起来，采取措施帮助孩子尽快适应初中生活，重燃对学习的渴望。比如，家长们可以这样做：

◇ 点燃孩子心中理想的火炬，开掘孩子学习的动力源；

◇ 让孩子掌握学习的主动权，变"要我学"为"我要学"；

◇ 帮孩子打气加油，为他们提供取之不尽的力量源泉；

……

1 初中阶段，给孩子一个新的起点

孩子从小学进入初中是他们学习生活的又一次转折。因此，家长帮助孩子尽快适应初中生活，顺利实现从小学到初中的"飞跃"，非常重要。

在当班主任的过程中，我曾遇到过这样一件事情：

开学不到一个月，一个孩子的家长来找我，无奈地说："孩子说不适应这里的教学方式，不喜欢这里的老师和同学，而且经常会莫名其妙地就冲我们发脾气……最近说什么也不肯来学校了，没办法，只能给他换个学校试试了！"

看着这位家长为孩子的事情急得焦头烂额，我告诉他，孩子不用转学，他只是患上了"初中新生综合征"，只要帮助孩子让这种征状消失，孩子很快就会投入到初中的学习、生活中去。

其实，孩子刚刚升入初中，出现不适应的现象很正常，大多数的孩子都会或多或少地存在着"初中新生综合征"。

从小学升入初中，虽然孩子的年龄只长了一岁，但孩子周围的一切都在发生着很大的变化。知识难度的突然提升，科目的增加，老师教学方式的改变等，都有可能使孩子产生不适应的感觉，而在这些"不适应"的影响下，很多孩子的心理开始出现问题，例如表现出情绪低落、易怒、厌学等，这就是我所说的"初中新生综合征"。

因此，对于已经患上"初中新生综合征"的孩子，家长给他换学校并不能从根本上解决问题，这样做浪费了家长的精力和财力不说，到了新的学校，孩子的征状只会越来越严重。最明智之举是尽快帮助孩子适应初中生活，顺利实现从小学到初中的"飞跃"。

那么，家长如何帮助孩子适应初中生活，尽快摆脱这些征状呢？

（1）利用"新开端"让孩子重建信心

初中生活对孩子意味着"不适应"的同时，还意味着"新奇"和新的开始。也许孩子在小学时并不出色，也许孩子在小学时与老师之间发生过矛盾，也许孩子在小学时与同学之间有过误会……而到了初中之后这一切都没有关系了，因为到了一个新的环境，一切都会重新开始。

我曾教过的一个孩子就是这样，在小学时他的成绩很一般，但到了初中，家长告诉他，一切都可以重新开始。因为这句话他开始努力，在升入初中后的第一次考试中，一跃进入了前十名，此后他的成绩一直呈上升状态。现在，这个孩子已经以优异的成绩考上了自己理想的大学，以下是他的原话：

当爸爸妈妈告诉我"一切可以重新开始"时，我就告诉自己："我一定要做一个学习好的孩子。"自从有了这种想法之后，我觉得自己一夜之间长大了许多，我好像抓住了一个我等待很久的机会来"翻身"，来改变自己、证明自己。于是，在刚进入初中以后，我就开始努力地学习起来。

正是由于这个信念的支撑，我会主动地去寻找最有效的学习方法，每天晚上除了做完作业之外，我还会把白天老师所讲的内容复习一遍，然后再预习将要学到的内容。尽管每天晚上都会学到很晚，但我一点儿也感觉不到疲惫，而且睡觉也会睡得特别香。

现在想想，那段时间是我过得最充实的日子，真有点儿疯狂的感觉。

听了他的自述，我体会到了信念的力量，因为爸爸妈妈的一句"这是一个新的开端，一切可以重新开始"，孩子信了，并且告诫自己一定要做一个学习好的孩子，而在这个信念的支撑下，他全身心投入到学习中去，最后实现了成绩的巨大转变。

所以，对那些想改变的孩子来说，新开端绝对是个最佳契机。因此，在这个阶段，家长不妨有意识地这样去引导孩子：

◇ 如果孩子在小学时学习不好，家长就告诉他："进入初中，大家都处在同一个起跑线上，只要去努力，任何人都有机会当冠军。"

◇ 如果孩子在小学时不喜欢与人交往，家长就告诉他："进入初中，是一个全新的开端，只要你主动与别人交往，任何一个人都可以在第一时间成为你的好朋友。"

◇ 如果孩子在小学时与老师的关系不好，那家长就告诉他："进入初中，你可以离开以前的环境，在新的环境里，一切都可以重新开始了。"

……

当家长拿出足够的理由让孩子去改变自己时，初中开始的阶段很有可能成为孩子人生的"转折点"，成为孩子人生中最值得回味的一段时间。

（2）为孩子的"崛起"寻找理由

新的开端意味着新的开始，进入初中，面对众多的"不适应"，家长要想让孩子尽快崛起，就需要给他们足够的理由。

初中生已经不是小孩子了，他们的自我意识很强烈，而且基本上可以达到成人的理性思考水平。所以，家长要想让他们全身心投入到初中的学习和生活中去，就必须给孩子一个充分的理由，让他以此说服自己、激励自己。

下面的这两段家长与孩子的对话把孩子的这种心理描述得非常清楚：

家长："升入初中了，你有什么打算吗？"

孩子："有，好好学习。"

家长："为什么好好学习？"

孩子："不知道。"

不论是在小学、初中，还是高中，都不难发现这样的一群孩子，他们很听话，老师或家长让他们学习，他们就去学习；但如果老师或家长不提醒他们，他们决不会主动去学习。这种类型的孩子不知道为什么去学习，他们没有学习动力，因此成绩永远都不会太突出。但进入初中后，如果家长能够引导孩子，帮孩子寻找到认真学习的理由，那孩子学习的劲头就会大不一样。

家长："在 6 年级的时候，你的好朋友被选为优秀学生，代表班里去参加竞赛，你是不是很羡慕他？"

孩子："是呀，我好想有一天我也能被选中，不过小学 6 年我都没有这个机会！"

家长："你的机会来了，你马上就可以超过你的好朋友了。"

（孩子有点惊讶，又有点怀疑地看着家长）

家长："到了初中了，你和你的好朋友，包括所有的同学都站在了同一起跑线上，只要你比他们的起步快一些、比他们跑的时间长一些，你一定可以很快超越他们的。"

相信孩子听到家长这样说，肯定会感到惊喜。也许孩子会因此全身心地投入到初中的学习中去，为实现自己的愿望而去努力了。可以想象，当孩子有了足够的理由去学习时，"初中新生综合征"不但不会发生，即使孩子会遇到很多的"不适应"，他们也会自己寻找解决的方法。

进入初中后，家长很容易就能找到让孩子"崛起"的理由，比如：孩子在小学时很想当班干部，但一直没有如愿，家长可以以此为理由鼓励孩子好好表现；

如果孩子在小学时就已经很出色了，但他想在初中更上一层楼，家长也可以以此为理由激励孩子继续去努力；

……

在小学时，孩子没有完成的心愿，以及孩子在中学阶段想达成的目标，都可以成为他们在进入初中后"崛起"的理由。如果家长的引导得当，这些都足以成为孩子"崛起"的动力。就像一位孩子所说的："进入初中后，当我找到足够的理由去努力时，我觉得自己身体里积蓄很久的力量，在那段时间里全部爆发出来了。"如果每个孩子能够以这样的状态去应对初中新的生活，其结果一定会令孩子以及家长们感受到前所未有的欣喜！

家长帮助孩子适应初中生活，顺利实现从小学到初中的"飞跃"。具体来说，可以从以下这两个方面去做：

1. 利用"新开端"让孩子重建信心。进入初中，就意味着所有的一切都会重新开始，当孩子认识到这一点时，他就会重燃信心，积极投入到学习中去。

2. 为孩子的"崛起"寻找理由。当孩子有了足够的理由去学习时，也就是他们崛起的时候。

2 让孩子做学习的主人

　　孩子是学习的当事人，被迫学习，学习处于被动状态，时间久了，孩子就会对学习生厌。与之相反，主动学习，学习处于主动状态，孩子才会有学习的动力。

　　许多家长曾向我这样反映孩子在家的学习情况：

　　孩子似乎天生和学习有仇，一点儿也不喜欢学习，回到家要么看电视、打游戏，要么书包一扔出去找小伙伴玩儿了，总之，只要不是学习，孩子的积极性都很高。

　　一位妈妈反映的情况却与这些家长大相径庭，她说她的孩子很喜欢学习，放学回家就主动拿出作业来做，直到学完了才去玩儿。

　　对此，我并不怀疑，有的孩子确实很喜欢学习，不需要别人催促自己就会主动去学习，但我敢肯定的是，这孩子喜欢学习一定是因为家长在背后做了些工作。

　　为什么我如此笃定呢？虽然是老师，但我也不得不承认这样一个事实：只要是孩子，没有一个是天生爱做作业、喜欢学习的，他们天生就都喜欢玩儿。

　　后来，我与这位妈妈交流过，通过她的一番叙述，果然证实了我的猜测。

　　以前，孩子回到家我就催促着让他做作业，有时候我和他爸爸还在一旁陪着，可这样做效果极差。孩子或者是敷衍了事，总想快点儿做完作业，好腾出时间出去玩儿，结果就经常出错，而且做错的都是会做的简单题；或者磨磨蹭蹭，写几个字玩儿一会儿，结果明明一小时能完成的作业却要花两个小时以上。反正只要提到学习，孩子就是一副不情不愿的样子。

慢慢地我们开始让孩子自己安排学习，放学后我们不再催促或监督他做作业，而是告诉他只要作业保质保量完成，他就可以自由支配自己的时间。实践证明，这种方法非常奏效，孩子很乐意学习，经常把自己的学习安排得井井有条。

现实生活中，许多家长的做法就和这位妈妈先前的一样，总是以催促或陪伴的方式对待孩子的学习，结果也如同这位妈妈所描述的一样，孩子往往不合作，对学习极度排斥。

为什么会这样呢？因为这种做法，会使孩子觉得他是学习的奴隶，他是在为做作业而做作业，为学习而学习，久而久之，就会产生厌倦、逆反心理，做作业快而潦草，敷衍了事，抑或厌学。

后来，这位妈妈改变了策略，不再催促和监督孩子学习，而是让孩子做学习的主人，结果孩子由原来的排斥学习转为爱上学习。

这种方法为什么如此见效呢？让孩子做学习的主人，就是赋权给孩子，这会让孩子忽然觉得自己大权在握，无比重要，而且，这还会使孩子感受到是由他自己来支配学习，而不是由学习来支配他，这样孩子岂有不喜欢之理？

初中孩子的学习就是这样，如果家长不停地催促他，在一旁监督他，让孩子处于一种被动的学习状态，那成为学习奴隶的孩子准定会视学习为洪水猛兽，觉得离它越远越好。而只要换一种方法，让孩子做学习的主人，那有了支配权的孩子一定会不负期望，积极投入到学习中去。

（1）不要一放学就叮嘱孩子赶紧学习

我曾问过许多孩子："你们放学回家后做些什么呢？"绝大多数孩子的答案都很"雷同"：

"爸爸妈妈对我管得很严，一回家，什么也不让做，一个劲儿催我去学习，只要我一坐到电视机前就连声吆喝：'快快快，回你的房间学习去！'"

"下午一回到家，就会听到爸爸妈妈无数次地唠叨：'宝贝，作业做完了没有？没有做完就要快点儿做！'"

……

作为一名老师，同时也是一位家长，我很理解家长们的这种催促行为，其最终目的还是为孩子着想。在家长们看来，孩子是缺乏自觉性的，不催促，他们就不会去主动学习。

其实不是这样的，初中孩子已经具备了强烈的理性思维力，他知道学习对自己的重要性，更知道学习是现阶段最重要的成长任务。因此，这时候家长就不需要再像督促小孩子一样凡事细致入微了。

此外，孩子升上初中以后，压力骤然增加了不少，他们每天在学校里要接受的知识已经够多了，晚上回到家需要的是调整。有些时候，我们看到孩子在听音乐、在发呆，其实，这是他在自发自觉地调整自己的状态，缓解压力。孩子回到家，需要的是关爱呵护他的父母，而不是像老师一样盯着他的家长。如果回到家的情形和在学校没什么区别的话，那孩子上哪儿去喘气？

我曾在一位 7 年级孩子的周记里看到过一篇名为《我的学习我做主》的文章，里面这样写道：

不要总是催促我去学习，因为：

（1）这个年龄的我有逆反心理，本来想去学，催得狠了，反而不想学了；

（2）我也需要休息；

（3）我会自己安排、支配时间。

看，这就是初中的孩子，有小小的逆反心理，也有强烈的自我意识，该做什么心里明白着呢。所以，家长们完全可以放手，让孩子自己做主了。

我曾接触过一个孩子，他学习非常上进，每天就像个上紧发条的闹钟，动力十足。当我与他的妈妈交流时，她是这样告诉我的：

虽然对孩子的学习也很着急，但我尽量不催促他，他放学回家，我都是让他先玩会儿，听会儿音乐、上会儿网，或者看会儿自己喜欢的电视节目……

大多数时候，我都会对孩子说："想想你要注意什么，我就不多说了，你已经长大了。"

这位妈妈真的很明智！没有了催促，与之相反，取而代之的是让孩子自己做主，这样开明的做法，这么好的家庭氛围，孩子学习的动力能不足吗？

家长们不妨学学这位妈妈，当孩子放学回家后，不要在第一时间催促他，说"快去做作业""快去学习"之类的话，孩子长大了，凡事会有分寸，如果你给予他自由支配的时间和空间，他自然会主动地投入到学习中去。

（2）孩子学习上的事，多与他商量

在与初中孩子聊到学习上的事的时候，我发现，他们的父母中很多往往按照自己的意愿，不与他们商量就擅自决定让他们做这做那。例如：

看到墙上贴着的各种名目的辅导班广告，有的家长就会毫不犹豫地撕下来，拿回家里让孩子报。还有的家长直接自作主张，帮孩子把报名表填了；

逛书店的时候，有的家长看到某些练习册对孩子有用，眼睛都不眨一下就全都买回家了；

……

不可否认，家长这样做的出发点是好的，一切是为了孩子着想，但是，孩子的感受如何呢？

我曾经接触过这样一个孩子：

孩子的父母在没有与他商量的情况下，就为孩子报了几种辅导班，结果如何呢？每到礼拜天该上辅导班的时候，孩子找尽各种理由不去上课，一会儿说肚子疼，一会儿又说别的地方难受。如果实在没有办法，必须得出门，他就背上书包，佯装去上课，但是出了家门他就去玩儿了，估计着下课的时间到了，他又背着书包回来了。有时候，即便他去上课了，也心不在焉的，常常思想开小差，或者干别的事。

家长们可以想一想，孩子这样的学习态度，能达到强化学习能力和知识水平的目的吗？相信大家心里已经有答案了——完全不可能。

我们常常说，一个人无论做什么事，首先要有兴趣，以兴趣为前提，才会把事情做好。学习也是如此，孩子有了兴趣，才会想去学习，进而才会学好。相反，没有了兴趣这个前提，孩子无论怎么学，都不会学好的。事例中的孩子就是这样，对父母给报的辅导班，他根本就没有兴趣，也就没有了学习的意愿。在这样的情况下，他肯定学不好。

我认识一位特殊的家长，他特殊在哪里呢？他与许多家长一样，希望孩子上一些辅导班，额外做几本练习册，以此强化学习能力，但又与其他家长不同的是，他不会按照自己的意愿来，而是事先与孩子商量：

有一次，在下班回家的路上，正好碰到某教育机构在发宣传单，他接过一张回家和孩子商量起来："你怎么看？听说他们办的数学辅导班不错，某某家的孩子上了一段时间，成绩提高了一大截。你最近不是老嚷嚷着数学成绩上不去吗，要不也去试试？"结果，孩子点头答应了，之后上辅导班时学得非常认真，当然了，一段时间以后，他再也没听到孩子抱怨数学难了。

孩子为什么没再抱怨数学难了呢？最关键之处在于他学习的信心、进取的动力被激发出来了。对于报辅导班这件和孩子学习有关的事，这位家长事先与孩子进行了商量，在孩子的应允下报了班，因为是自己答应报的，孩子就有了学习的兴趣，而有了兴趣这个前提，孩子就会有信心、有动力去学，这样自然就学得好了。

学习是孩子自己的事，如果家长违背了这一原则，擅自为孩子做决定，那么孩子是不愿意去学的，也学不好；相反，如果家长遵循这一原则，凡事与孩子商量，那么孩子在得到自主权的同时，也获得了学习的信心与进取的动力。

对待初中孩子的学习，家长完全可以把权力交给他，让他这个"小主人"自行支配。要知道，这不仅会改变孩子的学习态度，而且会激发孩子学习的信心与进取的动力。一般来说，家长可以从以下两个方面放权给孩子：

1. 不要一放学就赶紧叮嘱孩子学习。初中孩子都有逆反心理，如果家长催得狠了，孩子反而会不想学了。

2. 孩子学习上的事，多与他商量。学习是孩子自己的事情，按道理来说家长是无权干涉的，如果硬要掺和，最好与孩子先商量。

③ 让孩子产生明确的学习目的

对于孩子来说，明确学习的目的很重要，因为有了明确的目的，孩子就有了学习的动力与信心。

───────────────────────────────── ❋

孩子升入初中之后，很多家长会惊奇地发现：孩子的学习成绩起伏很大，原来成绩并不是很好的孩子，突然之间成绩大幅度提升；原来成绩很好的孩子，突然之间成绩下滑一大截。

为什么会出现这种怪异的现象呢？这是因为初中学习与小学学习有很大的不同。整个初中时期都可以称作是小学到高中的过渡时期，在这个时期，孩子的学习内容、学习方法，以及教师的教学方法等，都会发生很大的变化。这时，孩子是否能适应以及适应速度的快慢等，都将引起孩子成绩的突变。

下面，我就学习内容和学习方法进行具体的阐述。

（1）学习内容不同

小学期间，孩子的学习内容比较简单，主要学习语文、数学、英语等基本课程。老师的教学方法也以重复教学为主，便于孩子理解和记忆。

到了初中，孩子的学习内容发生了明显的变化。学习的科目逐渐增加，内容也逐步加深。语文、数学、英语这些小学曾经学过的科目，所要学习的知识由直观的、零碎的知识点变成了更为完整、系统的知识体系；同时，物理、化学等科目也相继升设，历史、地理、生物等人文社科知识也成为重要的学习内容。

这些科目对于孩子来说，都是需要掌握的，这就使孩子学业上的负担大大增加了。而且老师的教学方法也越来越注重孩子能力的培养，除了要求孩子记忆大量的定义、原理等知识点外，更侧重于培养孩子运用知识的能力。

这时，能迅速接受这种转变的孩子，成绩就跟着提高了，而那些还处于小学思维习惯中无法接受变化的孩子，学习成绩只能是大幅下降。

（2）学习方法不同

初中与小学的学习方式是有很大差别的，在小学时，只要孩子认真去学、认真去记，仅靠重复记忆就可以取得好成绩。但到了初中却完全不同，初中的学习不仅需要孩子记忆，更需要孩子掌握知识之间的联系、把握知识之间的规律。因此有些孩子由于能够掌握科学的学习方法，学习显得轻松自如；而有些孩子还在套用小学时的学习方法，所以越学越吃力，最后学习变成了孩子的负担，学习成绩只能是不停地下滑。

那么，当孩子升入初中后，家长应该如何预防和制止孩子学习成绩滑坡呢？最好最有效的方法是让孩子产生明确的学习目的。

到了初中，孩子们一般都会有自己的爱好，女生喜欢收藏漂亮的首饰，男生迷上了手枪、汽车。在学校里，我们老师常把孩子们的这些"爱好"称为孩子的"热点"。

大部分家长都会认为这些"热点"会影响孩子的学习，因此家长们对这些东西十分反感，经常把孩子的这些东西锁起来、藏起来，或者干脆毁掉，还会很生气地教训孩子："你现在都上初中了，哪有时间玩儿这些东西，还不赶快去好好学习！"但家长这样做不但无法使孩子好好学习，反而会使孩子怨恨家长。

其实，我认为，**对待孩子的"热点"，家长就要实行"热处理"。"热处理"不仅能使孩子心甘情愿地去学习，而且能使孩子明**

白为什么去学习。

我就曾教过这样一个孩子：

这个孩子很不爱学习，但特别喜欢汽车，他的卧室里摆满了各种各样的汽车模型，并且每种汽车的标志他都能清楚地记得，而且能够很流利地说出这些汽车的出产国。他不仅爱汽车模型，也爱真车，每当听说他所在的城市有汽车展时，他都会旷课去一饱眼福。

这个孩子的父母对孩子的这种"热点"深恶痛绝，又不知如何对待，于是他们找到了我，我给他们提了一个建议——对孩子的"热点"进行"热处理"。即家长也要培养自己对汽车的兴趣，努力理解孩子的行为。

于是，这两位家长阅读了大量的关于汽车的书籍，参观了好几次车展，在做好了准备之后，家长开始与孩子聊天。这次不聊学习，专门聊车，什么世界上最贵的汽车、世界上款式最好的汽车……从世界最顶级的造车技术，到中国汽车行业的发展，一家三口有问有答，聊得不亦乐乎。

在这种氛围中，亲子之间的感情一点点升温，孩子对父母既感激又崇拜。这时，孩子的爸爸趁热打铁道："你对汽车如此在行，说不定你将来能成为汽车研发人员呢！"

孩子听了很高兴，说："爸，你知道我为什么对汽车这样感兴趣吗？我就是想成为一名汽车研发人员。凭什么外国的造车技术就先进，凭什么中国人制造汽车还要从外国进口零件呀？"

"真没想到你有这样大的抱负，但汽车制造行业需要的是高科技人才，一般人是进不了这个行业的。"

"那怎样才能进入这个行业呢？"

"只有进入高等学府去深造，掌握大量的科学知识，才能在前人的技术基础上有所创造。"

说到这里，孩子真正明白了：他应该去好好学习了。后来，这个孩子真的考入了一所重点大学的汽车制造系，正用自己的行动在一点点实现自己的理想。

家长对孩子的"热点"进行"热处理"，其实就是帮孩子确定学习目的的过程。到了初中，家长利用这种方式对孩子进行确立学习目的教育，不仅使孩子易于接受，而且不易使孩子产生逆反心理。

所以，当你的孩子出现痴迷的"热点"时，做家长的不要认为孩子是不务正业，而是要欣赏孩子的"热点"，并利用这种"热点"引导孩子明确学习的目的。

◇ 如果孩子痴迷漫画，家长可以告诉他："为了将来能成为一名伟大的漫画家，现在就为画漫画打好绘画知识的基础吧！"

◇ 如果孩子对化妆很感兴趣，家长可以告诉他："为了成为著名的形象设计师，那就从现在开始来提升自己的内涵吧！"

◇ 如果孩子对武器很感兴趣，家长可以告诉他："如果想成为军事家，那就向着军校的目标迈进吧！"

……

名师点睛

升入初中之后，大多数孩子的学习成绩都会发生或上或下的变化，孩子成绩上升是好事，但成绩下降家长就要注意并采取措施来制止了。

什么方法最有效呢？那就是要帮助孩子产生明确的学习目的。每个孩子都有自己的爱好，如果家长能充分利用孩子的这一爱好，那么这将会成为孩子积极上进的动力之源。

4 理想是最能帮助孩子前进的动力

如果说孩子的整个学习生涯是一段漫长的旅途，那么理想就是指引孩子前进的"灯塔"，孩子有了理想，在追逐梦想的旅程中，才不会迷失了方向，才不会觉得乏味，才不会觉得疲惫。

在 7 年级的一次语文课上，我曾问过孩子们一个问题："你的理想是什么?"

很多孩子都露出了迷茫的神色，看他们的表现，似乎觉得"理想"是一个很悬的东西，看不见摸不着，没什么实际意义。

然而，也有那么几个孩子自豪地告诉我：

"老师，我的理想是做一个软件工程师，将来开发好多好多好玩儿的软件"；

"老师，我将来要像您一样做一名优秀的老师"；

"老师，我想要做一个出色的数学家"；

……

通过观察，我发现，无论是想做软件工程师，还是想做老师抑或想做数学家的孩子，在学习的过程中无一例外的都非常用功。相比之下，那些没有理想的孩子，学习的情绪普遍不高。

事实就是这样的，对于任何一个人而言，理想才是他奋斗下去的动力。就拿出海的船员来说吧，如果他们不知道驾驶的船将开往何方，停靠在哪个口岸，那就只能在茫茫大海上盲目地行驶。久而久之，船员会失去方向，没有了任何激情。

孩子的学习也是如此。**对于他来说，理想的种子一旦生根、发芽，就会转化成勤奋学习的动力，而且这种动力是持久的。如果没有理想，他就不知道学习有什么用。在这种情况下，只要稍微遇到点阻力和困难，他就可能产生厌学情绪。**

所以，在现实生活中，每一个父母都要帮助孩子树立自己的理想，然后引导孩子向着理想不断努力。

（1）发现孩子的爱好，引发孩子的理想

其实，家长只要稍微用一下心，发掘出孩子的兴趣、爱好，并鼓励孩子为了自己的兴趣、爱好而努力，孩子往往能够自动自发地行动起来。

在这点上，一位家长给我们做出了榜样：

静静是个文静的小姑娘，平时不喜欢出家门，假期几乎都是呆在家里看电视，这可急坏了爸爸，为了不让女儿成天坐在电视机前，他每天都会带女儿走出家门。他们去听音乐会、逛公园、参观博物馆、看画展，还去陶吧亲身体验制作陶瓷的乐趣。

在这些活动中，他注意到女儿对制作陶瓷非常感兴趣。每次到陶吧，女儿的心情都很雀跃，而且，女儿这一方面似乎很有天赋，才去了几次，她就做得像模像样了。

发现了女儿兴趣所在的爸爸，决定给女儿好好上一课。于是，找了个时间，他同女儿谈起话来。

爸爸："我发现你对陶艺挺感兴趣的，你可以将这个作为你的理想啊，就是长大后成为一名陶艺师。"

静静："我真的可以吗？"

爸爸："当然了，你不仅对陶艺感兴趣，而且还非常有天赋，如果以后能从事这样的工作，一定很棒。不过，想成为一名陶艺师条件可不低，最起码你得考上大学，到艺术院校学习相关的知识。那么，从现在起，你可要为实现这个理想而努力咯。"

静静："哦，我懂了。"

经过这次谈话之后，爸爸发现，静静对学习比以前更上心了。

这真是一位用心的爸爸，当他发现女儿喜欢陶艺制作以后，以此为突破口，引发孩子树立做陶艺师的理想，并引导孩子去主动学习一些相关的知识，这样孩子学习的主动性就大大提升了。

（2）多和孩子谈论些生活中遇到的工作类型

李涛是我班上的一个学生，这孩子别的方面表现得都不错，就是学习没有动力，不在身边督促，他就不知道学习。可最近我却惊奇地发现，他变得很上进，不需要我提醒，他就能自觉地学习。

我挺好奇的，是什么原因使得他变得如此上进了呢？为了弄清原因，我找来了李涛。他告诉我，他的理想是当个网络工程师，而为了实现理想，他必须从现在开始努力学习。接着，他给我讲了树立理想的过程。

有一次，我陪妈妈去银行办事，在取号等待的过程中，我和妈妈聊起了这里的工作人员，接着又聊到了各行各业的从业人员，比如医生、教师、警察，等等，忽然妈妈问我："有没有想过以后想从事什么样的工作，我们聊了这么多的工作类型，总有一个是你想做的吧？"

"嗯，我觉得网络工程师不错，而且我自己对网络游戏挺有研究的，比如哪款游戏是哪个公司的产品，它主要针对的人群有哪些，它吸引人的方面有哪些……""如果你真想当网络工程师，那就把它当作你的理想好了。当然了，不是光有理想就行的，你还得为实现这个理想而奋斗，我有个朋友的孩子就是一名网络工程师，他曾告诉我他们公司招聘人才的标准，除了计算机水平必须过硬之外，最少也得拥有大学本科学历。"

现在，我明白李涛变得上进的原因了，原来他是在与妈妈聊天的过程中树立了理想，而也正因为有了理想，他便有了为之奋斗的动力。

　　平时闲聊的时候，多和孩子谈论些生活中遇到的工作的类型，这不失为一个促使孩子奋发的好办法，家长们不妨试试看。

　　孩子的理想最终必然要与现实接壤，早一些让孩子的理想变得更明晰，孩子在学习之路上也就有了先人一步的资本。

　　没有理想，孩子就会失去前进的动力，缺乏学习的热情与激情，终日无所事事。因此，作为家长，一定要帮助孩子树立起理想。

　　1. 根据孩子的爱好，引发他的理想。倘若家长能够发现孩子的爱好，并鼓励孩子为之努力，那么孩子学习的主动性定能大大增强。

　　2. 多和孩子谈论生活中遇到的工作的类型。当理想与现实嫁接，变得可触可感，孩子才会真正动力十足地去学习。

5 为孩子创造更多的成功体验

厌学的孩子大多都有自卑感，觉得自己不行。所以，创造机会让孩子成功一次，就是改变他们的契机和突破口。

孩子升入初中后，很多家长会惊奇地发现，孩子的心理发生了很大的变化：原本无忧无虑的孩子，突然之间失去了自信，变得自卑起来。一位家长就曾向我抱怨：

自从进入初中以后，孩子完全变了一个样儿。例如，做作业碰到难题，以前他会很有耐心地一直想，直到想出来为止，即便是自己没想出来，最多会有一点点沮丧，然后告诉自己第二天去请教同学或老师。可现在，如果一直解答不出来，他会很恼火地把作业本给撕了，在房间里不停地走来走去，非常烦躁。

其实，孩子之所以会在一夕之间发生如此巨大的转变，还是和这一阶段孩子的心理有着莫大的关系。**孩子长大了，自我意识增强了，自尊心也增强了，对接触的很多事情，一两次没有做好他会觉得没关系，然而一旦多次没有做好，就会对自己的能力产生怀疑，从而变得不自信，自卑感也就油然而生了。**

就拿考试来说吧，一两次没考好，孩子可能会认为自己没有复习好，或者知识掌握得还不够牢固。但如果三番五次没考好，孩子就会把原因归咎在自身能力上了，认为自己天生就不是学习的料，即使再做任何的努力，也不会有什么好结果的。于是，在这种想法的冲击下，孩子很容易就会放弃学习。

那么，家长们如何才能帮助初中孩子打破自卑的枷锁呢？打开这把锁的钥匙就是：在生活中，为孩子创造更多的成功体验。

一位爸爸是这样消除孩子的自卑心理的：

自从孩子上了初中，我发现他忽然变得自卑起来。这孩子，一定是在学习上遇到了挫折，我心里想。孩子总这样体验失败可不行，要体验成功，我又接着想。

于是，一个晴朗的星期天，一大清早，我把孩子喊起来，带着他去爬山。这山很高，也很陡，孩子才爬没多久就不想爬了。"这可不行，咱们才刚刚开始，怎么能放弃呢？"

爬到半山后，孩子一屁股坐在地上，再也不愿意动了。"再加把劲儿就到山顶了。再说了，你都坚持了这么久了，中途放弃多可惜啊！加油，孩子，爸爸相信你。"

终于爬到山顶了，呼吸着山上的新鲜空气，看着山下旖旎的风光，孩子兴奋得大喊大叫。

这样的成功体验经历得多了，孩子便又逐渐恢复了往日的自信。

这位爸爸的做法，看似只是一次简单的亲子活动，可是在这次活动中，孩子的收获却不少。历经千辛万苦，孩子从山脚爬到了山顶，最终体验到了成功的快乐。最重要的是，孩子悟出了这样一个道理：只要自己努力，没有什么困难是克服不了的。

"成功的感觉"是培养孩子自信心的养料。厌学的孩子大多都有自卑感，觉得自己不行。所以，创造机会让孩子成功一次，就是改变他们的契机和突破口。

当然了，家长们要知道，孩子学习能力的提高，不是一天两天的事，不能一蹴而就，立马就想见到成绩，这也是不现实的。

所以，**面对有自卑心理的孩子，家长要想帮助他，最好不要先从学习上入手，不妨引导他先在生活上努力**。你可以和孩子一起爬山、游泳、打游戏，为孩子创造更多的成功体验。这样的事经历得多了，孩子就会从中自己总结出道理来，只要自己努力，任何困难都可以克服。这样，孩子就会变得自信起来。生活中有了自信，孩子也会把这种心态转移到学习中去，那么，孩子在学习中的自卑心理也就会渐渐消除了。

一次次的失败会打击到孩子的自尊心，使他对自己的能力产生怀疑，从而萌发自卑心理。这时，家长为孩子创造更多的成功体验，正是打开孩子自卑枷锁的钥匙。而家长要想帮助他，最好不要从学习上入手，而是引导他先在生活上努力。

6 让孩子知道"我很棒"

所有孩子的心中都有两扇大门，一扇门叫"我能行"，另一扇门叫"我不行"。打开"我能行"的大门，你看到的将是智慧、潜能、创造、自信；打开"我不行"的大门，你看到的则是愚昧、胆怯、保守、自卑。

曾有一位家长找到我，诉说了自己的苦恼：

我家孩子不知道怎么搞的，自从升上初中以后，一点儿进取的动力都没有了，信心也在一天天减少，现在学习对于他来说，仿佛就是一件苦差事，如果我同意他不去上学，我想他肯定会高兴得飞上天。

事实上，这个孩子的情况，我接触过很多。为孩子学习状态低迷而苦恼的家长，也不只一个两个。而要想解决这个问题，就必须先追根溯源，找找原因，看看孩子为什么会陷入这种低迷的状态。

我把原因归纳为两点：

第一，知识的变化。小学的知识都非常简单，但初中就不一样了，知识量以及知识难度都增加了不少。这就造成了这样一种现象：在小学，孩子只要肯努力，就能取得不错的成绩，而进入初中以后，尽管努力程度没有降低，但他们取得好成绩的机会却明显减少了，这就会使孩子对学习产生力不从心的感觉。

第二，由于取得好成绩不再是件轻而易举的事情，许多孩子转而对自己的能力产生了怀疑。在平时的教学过程中，不止一个孩子问我："老师，我是不是很笨呀""我是不是不是学习的料"……很多孩子甚至因此出现了明显的厌学情绪。

所以，每当接触一批新入学的孩子时，我都会给他们的家长开一个会。在会上，我主要向家长们传达一种观念：**孩子在进入初中的初期，很容易因为种种原因失去学习的信心和进取的动力，家长一定要在这一阶段多关注孩子，给予他一些帮助。**

那具体来讲，家长应如何帮呢？我的建议是：**多给孩子积极的暗示。**

今年秋天，玲玲终于成为了一名初中生，可是开学还不到一个月，她就哭丧着小脸跑回家，伤心地对爸爸说："爸爸，我不想上学了。"

"为什么？"爸爸很奇怪地问。

"我觉得我比别人笨，好多课程怎么也学不会。"

"我觉得不是这样的，孩子。"爸爸说，"初中课程相对于小学来讲，要难很多，你才学了不到一个月，感到吃力是很正常的，只要找到合适的学习方法一定就能赶上去。在我的心目中，你可是个勤奋而又聪明的孩子，我相信这点小事难不倒你的。"

"真的是这样吗？"玲玲略带惊喜地问。

"当然。你忘了以前刚升上 4 年级的时候，你也觉得学习很吃力，跟不上，还怀疑了自己很久，到最后你还不是克服了，而且进步得那么快。这次和那次的情况其实是一样的，你肯定能跨过这道坎。"

在这次对话之后，玲玲心里升起了希望。她的信心又回来了，凭着自己的努力，玲玲很快就适应了新的学习生活。

进入初中，随着所学内容难度的加深，大多数孩子都会产生一定的自卑心理，因为学习不像小学那样轻松了，他们甚至会误认为是因为自己"笨"才学不好。因此，在这个时候，家长应该帮助孩子重新建立起自信心。

玲玲爸爸的做法就很科学，当孩子因为课程太难而退缩的时候，爸爸给予了她积极的暗示，让她产生一种"我很棒"的感觉，帮她找到了学习的信心和进取的动力。

日本教育家铃木镇一说："**有了天才的感觉，你会成为天才；有了英雄的感觉，你会成为英雄。孩子找到了好孩子的感觉，他就会成为好孩子。**"用虚拟的手段，给孩子制造一个"我很棒"的自我感觉，他就会逐渐"棒"起来。这就是心理学上所讲的"暗示"。

因此，如果家长懂得运用这种积极的暗示，那么就一定能够赋予孩子学习的信心和进取的动力，更为重要的是，孩子会在这种积极的暗示中受益终生。

经国内外教育专家研究，以下这些言词非常有助于孩子保持积极的心态，形成强大的内驱力，家长们不妨借鉴一下：

◇ 你在妈妈心目中是最棒的；

◇ 你将来一定能成为一个大人物；

◇ 孩子，你一定没问题；

◇ 我的孩子能学好；

……

孩子优秀不优秀，根源在哪里？根源于他在心里给自己所下的定义是怎样的。

如果家长能用言语给孩子制造一种"我很棒"的感觉，那孩子的表现定会如你所说的那样，逐渐"棒"起来。

7 做孩子的拉拉队队员，帮孩子打气加油

在人生的竞技场上，孩子只能自己去努力，家长是无法代替孩子去拼搏的。但是，家长却能给予孩子一种力量，使孩子保持良好的竞技状态，这种力量就是"拉拉队"的力量。

为了孩子能更积极地学习，我们应该做些什么呢？每当初中孩子的家长询问我这个问题时，我都会这样告诉他们：做孩子的拉拉队队员，帮孩子打气加油。

在人生的竞技场上，孩子只能自己努力，家长是无法代替孩子去拼搏的。但是，家却能给予孩子一种力量，使孩子保持良好的竞技状态，这种力量就是"拉拉队"的力量。

一位考入重点高中的孩子的家长分享了他的教子经验：

在对孩子的教育上，我没有什么切实可行的方法，唯一为他做的就是一直给他打气加油。我始终秉持着这样一种教育理念：称职的父母，应该永远站在孩子背后，不停地为他打气加油。

这一理念，从孩子入学的那天起我就开始实施了，当孩子遇到挫折时，我鼓励孩子："千万不要轻言放弃，爸爸相信你可以。"当孩子取得成功时，我告诉孩子："你所获得的成功只不过是千级台阶中最低的那一层，你要再接再厉，争取爬到最上面一级去。"

这位爸爸的做法棒在哪里呢？他的做法——帮孩子打气加油，是孩子最需要的。初中阶段的孩子，心理其实很脆弱，很容易对自己失去信心，最容易因为困难而放弃努力，一点小小的挫折，都足

以使他们内心的城墙崩塌。可以这么说，他们的心理就像薄薄的窗户纸，一捅就破。这时，如果父母帮孩子打气，就能给予孩子不断进取的力量，给予他前进的勇气和必胜的信心。

因此，当孩子升上初中以后，家长要时刻给孩子鼓劲加油，给他们取之不尽的力量源泉，对孩子来说，这种精神上的支持才是最为可贵的。

（1）只能报喜，不能报忧

我们大家都知道，一个人只有在心情愉快的情况下才能去做并且做好一件事，如果情绪恶劣，那么他是做不好事情的。同样的道理，如果孩子始终保持好心情，那么他的学习状态必然是最佳的；相反，如果他们的情绪始终不稳定，那么对学习必然就会产生消极的影响。

那么，怎样才能让孩子始终拥有好心情，愉快地投入到学习中去呢？一位爸爸是这样做的：

过去开家长会，一直是妻子的"专利"，可儿子8年级时的一次家长会，妻子却高兴而去，扫兴而归，因为她听老师说儿子成绩下降了。

其实，这只是一次小测验，但妻子却如临大敌，一回到家便不问青红皂白地发火，儿子一时难以接受，便顶撞起来，闹得双方不愉快了好些日子。结果，儿子到了学校还时不时地顶撞老师，跟老师的关系也就此紧张起来。

眼见娘儿俩的战争越演越烈，长此以往，势必影响儿子的学业。于是我自告奋勇地对妻子说，从今以后，我去开家长会吧。

当我接受这了这个工作后，我毫不犹豫地采取了"报喜不报忧"的方法。一旦家长会上老师反映孩子的哪门成绩下降，我回家会说这门功课还行，老师嘱咐还要继续努力云云。

哈哈，这一招真灵。儿子信以为真，对教这门课的老师反而充满了感激，热情和斗志也被激发了出来，测验一次比一次好，成绩不断地提高。即使当我知道儿子在学校里的排名不是太理想后，尽管我内心也非常着急，但我依然报喜不报忧。

从这位爸爸的经验中，我们可以看出他帮助孩子的方法就是：**只报喜，不报忧**。不得不说，这确实是一种不错的鼓励孩子的方法。

生活中，许多家长在开过家长会后往往回到家后面对孩子会这样说：

"你们老师说了，你这段时间不好好上数学课，成绩明显下滑，再这样下去，总成绩一定会被数学拖累。"

"前两次去开家长会，老师还反映你的成绩不错，冲刺重点没问题，今天却说连普通高中都有点儿悬，你是怎么搞的？"

"我要是不去开家长会还不知道，原来你最近的成绩这么糟糕，为什么这样，你给我说说。"

……

家长们千万不要再对孩子说这样的话了，案例中也提到了，这样做会造成孩子和老师的关系紧张，孩子因此就更不会好好上该老师的课了，这势必会影响到单科成绩，进而连累到总分成绩。

作为大人，我们都有这样的体会，我们给远方的父母打电话时，一定是报喜不报忧的。为什么要这样做呢？倘若告诉老人不好的事，那一定会让老人担心，进而影响到他们的身体健康。其实，孩子也是这样，如果从家长口中得到的全是些负面消息，那孩子的心灵也会受伤。因此，在教育孩子时，家长要尽量做到只报喜，不报忧，努力让孩子进入良好的状态。

（2）别注重分数、排名，着重找原因

我曾接触过一位妈妈，在与我谈到孩子的时候，她满脸的懊悔：

女儿从上小学开始，我对她每次测验的分数都看得很重，只要女儿分数、排名一有波动，我就马上提醒她。女儿上了初中以后，

我变得更加紧张兮兮的，只要涉及到孩子的分数、排名，我总是无法做到理智，一旦有风吹草动，我的表情、行为总是表现得大惊小怪的。

没想到，我这样做，给女儿添加了更大的压力。女儿的学习状态越来越差，最后连普通高中都没考上。

其实，我原本是想要女儿冲击重点高中的，这下好了，偷鸡不成蚀把米，自己种下的苦果自己来尝。

初中阶段的孩子，正处于勤奋与自卑结合的时期，在这个时候如果得不到家长的鼓励，他们很可能因为自信心受创而产生消极心理，排斥学习。

在和这些孩子交流的时候，他们就常常向我抱怨：

"爸爸妈妈一讲话就谈分数，总是把分数、排名看得太重，太打击我的积极性了。"

"他们总是因为一个个分数，一次次的排名在我耳边不停地唠叨，他们根本不知道，我最需要的是他们的鼓励。"

"分数太差，名次太低，我比谁都急，不需要他们再火上浇油。如果他们能给我一些切实的帮助，那我会由衷地感激他们。"

……

瞧，这就是孩子们的心声，从他们的话语中，我们至少可以看出这样一点：**他们需要的是家长的鼓励与帮助，而不是成天拿着分数、排名说事儿。**

孩子大都是有上进心的，想考好的，所以当家长的不要太过分关注孩子的分数、排名，还是帮孩子分析分析、找找原因，给孩子一点儿实实在在的帮助为好。

我接触过的一位家长是这样做的：

每次孩子成绩出来，这位家长首先做的不是关注孩子的成绩和排名，而是和孩子一起分析试卷，找出失分的原因所在。例如：上上次考得不理想是因为基础薄弱，许多简单题都答不出来；上次考差了是因为复习工作没做到位，准备得不充分；这次败在马虎上，以致于明明不该错的题都错了……

孩子对家长的做法有点儿不理解，问道："妈妈，你为什么不问我分数、排名？班上好多同学的父母都这样。"

妈妈告诉孩子："这个不重要，重要的是你要在失败中吸取经验教训，只有先找出失分的原因，加以改正，以后你才不会犯同样的错误，这样成绩才会进步。"

的确，孩子的成绩慢慢地得到了提升。

可以说，这位妈妈的做法才是对孩子切实的帮助，注重孩子的分数、排名有什么用，孩子的成绩并不会因此而得到提升，只有先找出没考好的原因，再帮助孩子改正错误，孩子的成绩才会提高，这样他的分数、排名不就在无形中得到提升了吗？

孩子虽然升上了初中，但终究还是孩子，很容易对自己失去信心，最容易因为困难而放弃努力，如果家长能在后方为孩子打气加油，就能给予孩子不断进取的力量。

1. 只能报喜，不能报忧。如果从家长口中听到的全是些负面消息，那孩子的心灵会受伤；相反，如果他们得到的是正面消息，那孩子一定会朝着优秀的方向努力。

2. 别注重分数、排名，着重找原因。家长过于重视分数、排名，会让孩子压力倍增，从而丧失信心，而着重找原因，收获的将是孩子越来越好的成绩以及不断提升的自信心。

8 开阔孩子的视野

一个人的眼界决定着他所取得的成绩，孩子的眼界开阔了，不但他的人生目标会宏伟远大，他的行动力也会增强。

+·✤

也许有家长会有疑问，孩子学习的信心、进取的动力，怎么和视野开阔有联系了？事实上，两者有着非常密切的关系。曾有教育学家说过，一个人的眼界决定着他所取得的成绩。事实也的确如此，孩子的眼界开阔了，不但他的人生目标会宏伟远大，他的行动力也会增强。

不用我说家长们都很清楚，一只在天空中自由翱翔的雄鹰行动力一定强于一只井底之蛙。同理，一个去过全国很多地方，甚至出过国的孩子，行动力肯定比一个只在学校与家两点之间跑的孩子强。

所以，激发孩子学习的信心、进取的动力，家长可以通过开阔他视野的方法来实现。

一位家长是这样做的：

在孩子刚刚升入 7 年级之际，我就送给了孩子一个地球仪。从那时起，我发现孩子每当看完新闻后，就去转地球仪，而且边转边自言自语地说："原来这个国家在这里！"

有一天，孩子抱着地球仪，很认真地对我说："爸爸，我以后想当一名教师。"

我很奇怪地问他："为什么？"

孩子激动地对我说："因为我知道世界上好多人都是因为缺少安

全自救的知识，而在灾难中丧生的。我将来要做一个旅行老师，我走到哪里，就给那里的孩子上课，把安全自救知识教给当地的孩子，还有当地所有的人。"

"这个想法不错，那要成为一名旅行老师，你知道现在该怎么做了吧。"我引导孩子。

"知道，得好好学习。"

我很欣赏这位家长的做法，他送给孩子的只是一个小小的地球仪，但这样做却开阔了孩子的视野，当孩子的眼界开阔了，他的人生目标变得宏伟远大，行动也积极起来。

此外，以下两种方法对于开阔孩子的视野也非常有效：

（1）让孩子每天读报纸、看新闻

看到这个题目，肯定有家长会问，到了初中，孩子们的时间比以前紧多了，让他们每天去读报纸、看新闻这不是在浪费时间吗？

升入中学之后，孩子们会明显地发现，时间比小学时要紧迫得多。但事情并不像家长们所说的那样。读报、看新闻确实会占用孩子一定的时间，但孩子在读报、看新闻的过程中所获得的价值，要远远大于在同时间内学习的价值。

作为一名老师，我认为初中生与小学生的主要区别之一，就是他们的视野是很不相同的。小学生每天关注最多的事情，就是自己身边的这些事情，而中学生的视野就不能仅限于此了，他们要把视野从自己身边扩大到全国，乃至全世界。

也许又有家长会说，让孩子每天主动去读报纸、看新闻很难，我们总不能强迫他们去做这些事情吧？

的确，家长不能强迫这一阶段的孩子做任何事情，否则只会让孩子越来越反叛。"对付"初中阶段的这些孩子，家长们必须要讲究方法，这也是我在教学过程中不断总结出来的。

每当我接触新一届初中孩子时，我都会告诉他们："为了开阔你们的视野，你们应该每天读些报纸、看些新闻。从今天开始就要多关注新闻了，明天老师提问。"

第二天，当我跟这些孩子分享中国发生了什么事情、世界发生了什么事时，几乎所有的孩子都用迷茫的眼神看着我，我知道，放学回家后，他们中的大多数人都没有看新闻。然而从他们的目光中我可以看出，他们对我所说的这些新闻很感兴趣。于是，从那一刻起，我决定改变方法——每天把我看到的那些新闻分享给他们听。在分享完新闻后，我请同学们来评价这些新闻，并鼓励他们说出自己的感受。

没想到这个措施坚持了一个学期，这个班上的同学几乎都会去主动读报纸、看新闻了。更重要的是，在读、看新闻的过程中，孩子们受益匪浅：一些孩子坚持每天读报纸，视野开阔的同时，写作能力也在日益提高；一些孩子在新闻中找到了自己的定位，立志要做一名国家经济的管理者……

读报纸、看新闻能让孩子有意想不到的收获，所以，无论如何，家长都要通过巧妙地引导，使孩子爱上这些事情。当孩子拥有了这一爱好，也就相当于又打开了一扇更为丰富的知识之窗。

（2）带孩子去旅行

没有出过远门的孩子就如井底之蛙，他们头顶的天空就像井口那样狭小。因此，如果有条件，家长最好多带孩子出去旅行，这不仅是开阔孩子眼界的好办法，还可以改变孩子的人生目标。

我就曾接触过这样一个孩子：

她是一个很计较得失的孩子，利用假期时间，父母带她到山区农村去体验生活。回来之后，这个孩子在日记上这样写道："看到全国还有那么多的孩子上不起学，我觉得自己好幸福呀；看到全国还有那么多的人生活在痛苦之中，我自己的那些小利益又有什么值得计较的？我要努力让自己快点成长，长大后我一定要去为那些贫困的地区、贫苦的人们贡献我的一份力量。"

除了带孩子去条件艰苦的地方，让孩子感受一下自己的幸福外，家长们还可以带孩子去一些经济发达的地区，如经济特区深圳、数码之乡广州等，让孩子去感受中国发展的速度，从而在此基础上树立自己的人生目标，加快自己成长的脚步。

视野的广度，决定孩子行动力的强度，也就是说，要想使孩子的行动力增强，家长不妨去开阔孩子的视野。如何开阔呢？可以从以下两点着手：

1. 让孩子每天读报纸、看新闻。通过读报纸、看新闻，孩子把目光延伸到全国和世界，他们的视野自然会开阔很多。

2. 带孩子去旅行。孩子走过的地方越多，他们接触的天空就越广阔。

第 二 章

增强初中孩子的学习动力，
家长要说哪些话，做哪些事

孩子只有"爱学"，才可能"学好"。怎样才能让孩子"爱学"呢？提升孩子的学习动力才是关键所在。

做到这一点并不难，只需家长掌握一些说话和做事的技巧——说那些有助于提升孩子学习动力的话，做那些有助于提升孩子学习动力的事。

① 激发孩子的学习兴趣，求知欲望

兴趣是孩子学习最好的老师，当孩子对学习有兴趣时，就能钻进去，甚至入迷。

一些孩子曾跟我说过这样一些体验："如果我们对某一位老师有好感，喜欢听他讲课，那么我们就会对他讲授的科目有好感，我们就会觉得那一科好学。"

其实，这并不是说那一科变容易了，而是因为孩子们学习这一科的效率提高了的缘故。

很多心理学方面的研究都表明，当一个人喜爱自己的工作或学习时，效率就会大大提高。换句话也可以这样说，兴趣是学习的先导，有兴趣就会入迷，入迷就会钻得进去，学习就会有成效，接下去，有成效就会更有兴趣，更加钻研，更有成效……

在多年教学实践中，我发现的确如此：很多成绩不错、对学习抱着极大热情的孩子，大多是那些学习兴趣浓厚的孩子。

所以，家长朋友们，**想要让你的孩子初中 3 年一直都保持优秀的话，培养孩子的学习兴趣、激发孩子的学习热情就是不错的切入点。**

看到这里，也许有的家长会问："我家孩子根本就不喜欢学习，我们该如何激发他的学习兴趣呢？"

孩子为什么会不喜欢学习呢？

在和一些 8 年级孩子交流的过程中，他们给出了我这样的回答：

"学习真是乏味，我辛辛苦苦学半天，成绩都不见长进。"

"我一看到数学就头疼，还谈什么兴趣啊！"

"我最烦写作文了，一篇作文愁得我头都大了，可就是总也写不好。"

......

每每听到孩子们这样的话，我都会为孩子们对学习兴趣的误解感到遗憾。对大多数孩子来说，兴趣并不是与生俱来的，而是需要后天培养的。上述同学把学习的枯燥无味归咎于学习本身，这是一种误会。枯燥无味的不是学习而是他们学习的结果和学习的态度。如果孩子根本不把学习当回事，态度不端正，或者当作一种敷衍，学习当然就没有成效，没有成效的结果当然是枯燥无味的。

从这一点上说，想要培养孩子的学习兴趣，就要从改变孩子的学习态度和学习观念入手。

我所熟识的一位7年级学生家长是这样做的：

女儿小薰上7年级后，学习兴趣好像一下子淡了下来。每天放学之后，再也看不到她积极主动地去书房看书、做作业了。在和女儿聊天的过程中我了解到，女儿之所以出现学习兴趣消退的情况，是因为升入初中以后，数学的学习开始和以前不一样了。小学的时候，只有一本数学课本，女儿只要把数学课本上的东西掌握牢固，基本就能取得不错的成绩。可升入初中之后，数学不再是简单的一本课本，而是分成了代数、几何，光是听这两名字，女儿心里就开始发怵……

了解到这些，我开始明白，女儿并不是没有学习兴趣，而是对初中阶段的学习还不适应而已。所以，在日常生活中，我开始有意无意地让孩子去接触一些代数、几何知识。比如说，周末的一天，厨房的灯坏掉了，老公又不在家，换灯泡的任务就落到了我身上。于是我招呼女儿帮着我抬一个三脚梯架，女儿一边不情愿地抬着梯架一边埋怨："妈妈，你把扶梯靠在墙上，不是比抬这个东西容易多了吗?"我一听女儿这话,接口道:"小薰,三个脚的梯架,当然比两个脚的扶梯稳固性要强很多,妈妈用扶梯,要是摔倒了怎么办呀?"

女儿听了我的话,想了想说:"三个脚的支架是比两个脚的扶梯要稳。"

"就是啊,小薰能告诉妈妈,为什么三个脚的梯架要比两个脚的扶梯稳当吗?"我接着问。

女儿小脸一扬,肯定地说:"三角形的稳固性比别的图形强呗!"

我一听女儿说出这话,笑着夸奖道:"小薰的几何知识学得不错啊!"

女儿脸一红,不好意思地低下头。从那以后,我经常会提醒孩子注意一些生活中的数学问题,比如说:我们一起去孩子奶奶家,怎么选择路线最近……渐渐地,女儿发现,初中数学其实并没有她想象的那么难,学习的兴趣也慢慢提上去了,也就开始积极起来。

仔细看看这位妈妈的做法,并没有什么高深之处。从生活入手,让孩子认识到她所学习的知识,并没有她想象的那么难,慢慢培养起孩子的学习兴趣。**当孩子兴趣越来越浓,心里对学习的畏难情绪减少时,也就不会再觉得学习是一件枯燥的事情,学习的积极性就能得到极大的调动。**

初中生家长朋友们,当你也在为孩子的学习感到头疼时,不妨先帮助孩子爱上学习吧。当孩子被动的学习状态得到改善时,他必然就会变得积极好学起来。

把学习的内容和生活联系在一起,知识不再枯燥,引发孩子思考的地方越来越多,孩子的求知欲望也就能被激发出来,越学越有兴趣,孩子当然也就能自动自发地去学习了。

家长如果用心就会发现,不论是哪科知识,都能在实际生活中找到他们的影子。

◇ 比如说,孩子喜欢看历史剧,家长就可以借此激发孩子去研究一下历史；

◇ 比如说，孩子羡慕别人能说一口流利的英语，家长就可借此鼓励孩子多学习英语；

◇ 比如说，带孩子出去旅游，孩子对周围的景色、风土人情感到好奇，就可以让孩子尝试写下自己的感受；

……

当家长能把生活中的点滴，不着痕迹地跟孩子的学习联系起来，孩子的学习兴趣、求知欲望也就能慢慢被调动起来。

 名师点睛

把知识和日常生活联系起来，是一个激发孩子求知欲望非常不错的方法。生活中的点滴都是孩子经常会接触到的，孩子就不会觉得那么遥不可及、那么困难，家长以此引导孩子展开思考，激发孩子的求知欲望，往往能取得不错的效果。

2 让孩子身处愉快的学习氛围中

如果家给孩子营造的是一种自由自在、非常放松的氛围，那么孩子会很乐意去学习；如果营造的是压抑、透不过气的氛围，则很容易使孩子滋生厌学情绪。

在我教学的过程中，曾发生过这样一件事：

有一次，班上一个叫罗军的学生没来上课，给孩子的父母打电话，他们都告诉我孩子没什么异样，早上和往常一样背着书包出门了。作为孩子的班主任，我不免担心起来，孩子不会出事了吧？于是，我带上几个班干部，满大街找孩子。接近傍晚的时候，我们在一家网吧找到了他。

让我感到震惊的是，这家网吧里坐着许多未成年的孩子。当我站到罗军身后时，我看到他在玩儿一种网络暴力游戏，血腥的杀戮场面让我不寒而栗，可他却玩得津津有味。

我问罗军："你现在是毕业班的学生，马上就要中考了，你知道时间有多么宝贵吗，为何还要逃学呢？"

我才问完，罗军的眼泪就噼里啪啦地直掉："我不喜欢上学，也不喜欢回家，家里太沉闷了，让人很压抑。只有在游戏中，我才能感受到生活的乐趣。"

事后，我把罗军的父母喊到学校，进行了一番长谈。孩子的父母告诉我，为了孩子的学习，严格是必要手段，因此，每天孩子放学回家后，除了吃饭和睡觉，每时每刻他们都在督促孩子学习，不让孩子有放松的机会。

通过与罗军父母的交流，我已弄清了孩子为何不喜欢学习，也不想回家的原因。没错，就是家长的高压统治，让孩子觉得紧张和无所适从，体验不到学习的快乐，从而对学习产生了厌恶心理。

我曾做过调查，发现在现实生活中，像罗军父母这样对孩子实施"高压政策"的家长不在少数。在家长们看来，孩子升入初中后，不能像小学时候那样疯玩，应该收收心把时间与精力放在学习上，而对家长自己来说，督促孩子学习也成为了他们每天例行的主要工作。

家长们的这种做法，表面上是从孩子的切身利益出发，是为孩子好，但实际上是害了孩子。

为什么这么说呢？

心理学研究表明，在一个愉快的氛围中，无论做任何事，人们都会感到很快乐，做事往往事半功倍。孩子也是如此，在大多数孩子的心目中，家是一个自由自在，让人感觉非常放松的场所。因此，在这种氛围中，他们会很乐意去学习。当然了，学习的效率也很高。而当孩子对家的认知发生转变，觉得家很压抑，让人透不过气，就会不想做任何事，也包括学习，从而滋生了厌学情绪。这样，家长美好的初衷到最后却演变成大家都不愿看到的结果，害了孩子，也苦了家长。

那么，怎样给孩子创造一个愉快的学习环境和氛围呢？说到这里，一位妈妈给我们做出了榜样：

从孩子上学的那一天起，我就和孩子爸爸达成共识：一定要让孩子身处在愉快的家庭氛围中。而为了做到这一点，这么多年来，我们一直都在努力。

例如孩子放学回家，第一时间我们从不急着催促他写作业，而是让他想干嘛就干嘛；除了老师布置的作业外，我们也不给他强加额外的学习任务。在孩子学习的时候，如果孩子没有什么问题要问，我们就不去打扰他，更不会不断地问他作业写完了没有，课程复习了没有，明天的功课预习了没有。再者，我们从不坐在孩子身边监督孩子学习。

我们希望家里时刻充满着和谐温馨的气氛，大家说说笑笑，打打闹闹，每个人心里始终是快乐的。因此，我们在看电视或者是吃饭时，就会针对某个话题展开讨论，大家畅所欲言。如果遇到家人生闷气，有个人就会适时幽默一番，打破这种气氛，比如说句"天气预报可是晴天啊，怎么多云转阴啦"。

要我说，在这样的家庭里，孩子要不喜欢学习都难。因为孩子的心情始终是愉快的，这种愉快的心情会把孩子带进学习的过程中。也就是说，**孩子在学习的时候，感到了一种强烈的幸福感和安全感，这种感觉能够促使他乐于学习、热爱学习。**

因此，作为家长，在孩子升入初中后，该另换一种思维了。与其对孩子实行高压统治，倒不如给孩子创造一个愉快的学习环境。

名师点睛

如果孩子在学校进行长时间的学习回到家后，还要继续无休止地学习，那么，在这种高密度的学习状态中，孩子会觉得自由丧失了，变得不快乐，由此，厌学也是必然的。但如若家带给孩子的感觉是幸福、是放松，那么受这种快乐心情的感染，孩子自然会更加乐于学习。

3 给孩子营造一个积极向上，力争上游的氛围

家长在把孩子学习积极性的有无归咎于教师之前，首先要考虑这样一个问题——给孩子带来最大影响的成人究竟是谁？毫无疑问，这个人必然是父母。

在平时的教学过程中，我总会遇到一些家长，常常责怪自己的孩子不思进取却又苦于找不到原因和解决问题的办法。殊不知，问题很可能出在家长身上。

现在的父母都渴望孩子学习好，将来能考上大学，因此，父母一再叮嘱孩子要好好学习，可是自己下班回来就看电视，一看看到十一二点；或者一到双休日，家里来人玩儿麻将，一玩儿一整天，并且几支烟枪闪亮，此起彼伏，把屋里搞得乌烟瘴气。

试问，在这种家庭环境中生活的孩子，他们能有学习的热情吗？他们的学习积极性能不受到影响吗？我可以毫不客气地说，孩子必然会产生厌学情绪。

未成年人的学习特别容易受环境的影响，而家庭的学习氛围是他最直接的"染缸"。一位教育家说过："在父母自己不读报纸，不看书，不喜欢参观展览会、博物馆的家庭里，当然很难使儿童有文化修养。"这句话在某种程度上或许可以作为孩子不思进取的最好的解释。有一对爱好玩乐，不懂得学习充电的父母，怎能指望孩子积极地投入到学习中去。

日本著名心理学家和教育学家、被称为"日本发展心理学第一

人"的藤永保先生这样告诫父母：把孩子学习积极性的有无归咎于教师之前，首先要考虑这样一个问题——给孩子带来最大影响的成人究竟是谁？对孩子来说，他最亲近的人、在日常生活中作为榜样的人，归根结底还是父母。所以，在纠正孩子不良的学习行为之前，父母首先要纠正自己。

这就是说，作为家长的你，虽然不用再回到校园里坐到课桌前学习，但也不能停止学习和求知的脚步。利用空闲时间看看书，充充电，给孩子做好榜样，为他营造一个积极向上、力争上游的家庭氛围。

朋友的孩子作文比赛得了第一名，我们大家都认为当编辑的朋友夫妇一定为孩子修改过作文，做过指导。可是一了解才知道，朋友根本就没给孩子"开小灶"："我每天忙得不亦乐乎，哪有时间辅导他呀！""那么，秘密在哪儿呢？""也许是氛围吧，我每天埋头写作，他妈妈伏案改稿，家里来了客人，讨论的也都是如何修改文章，论'结构'，谈'中心'，家庭中的这种'文风'熏陶着孩子，久而久之，孩子也就喜欢上了写作文。"

我很钦佩朋友夫妇的这种教育方式，虽然他们没有刻意采取措施教育孩子，但他们的一举一动却在潜移默化地影响着孩子，他们的"现身说法"达到了一种润物细无声的教育效果。

总之，家长们千万要记住这样一个道理：**教育孩子的重要一点就是不要流于口头，而忽视行动，否则很难取得好的效果。**

如果家长是"今朝有酒今朝醉"，受家庭环境影响，孩子势必"得过且过"；如果家长积极向上、力争上游，孩子必会视家长为榜样，"青出于蓝而胜于蓝"。

4 对孩子要有期望值，但期望值不能过高

父母对孩子寄予期望是可以理解的，但如果脱离了客观实际，这种期望就会转变成一种"绝望"的触发点。

❈

据我所知，很多父母常会跟孩子唠叨："你看某某孩子学习多好，考上了名牌高中，很有出息"这样的话，提醒孩子在心里拉满弓。

父母对孩子寄予期望是可以理解的，但如果脱离了客观实际，那这种期望就会转变成一种"绝望"的触发点，最终与你的想法背道而驰。

我曾接触过这样一个家庭：

"你要是考不上市重点，我就不再搭理你了！"妈妈对女儿发出了恐吓。当性格开朗、活泼大方的女儿如愿以偿地考进了市重点，妈妈兴奋地抱着女儿一个劲儿地跳，因为女儿替她争了光。

"你必须一直保持在班上前10。"妈妈的期望显然在升值。为了达成妈妈的愿望，女儿像过河的卒子一样拼命向前冲。渐渐地，女儿脸上的笑容变得黯淡了，再慢慢地，女儿的笑容消失了，取而代之的是焦躁与不安，因为她努力了好几次，成绩始终徘徊在10名以下。

"期末考试你要还这样，我就再也不搭理你了！"妈妈的口吻还是还是那样坚决。终于有一天，女儿离家出走了。

为什么女儿会离家出走？很明显，妈妈对她的期望值太高。女儿稚嫩的双肩承受不住这样的重压，最终选择了逃避。

据报道，在我国 17 岁以下的青少年中，心理障碍患病率在逐步上

升，有关专家分析，父母对孩子的期望值过高，是孩子产生压力的主要原因。

在我和一个8年级孩子聊天的时候，他这样告诉我：

我觉得自己很没用、很无能，每当看到父母满怀期望的目光时，我的心里就非常难过，不知道怎样做才能达到他们的要求。现在，我一看书就很怕，真想把它撕个粉碎。

看，这就是家长对孩子期望值过高所产生的不良后果，**孩子因不能达到父母的要求而自惭形秽，进而对自己的能力感到怀疑，从而产生厌学情绪。**

试问，家长们愿意看到这样的结果吗？我想答案一定是否定的。既然如此，家长们是不是该改一改望子成龙、望女成凤的急切心理了？

曾在一篇文章上看到过这样一句话：

因为我是菊花，所以请别让我在夏天开放；因为我是白杨，所以请别指望从我身上摘下松子。

世界上没有完全一样的叶子，同理，世界上也没有完全一样的孩子，作为家长，我们要承认孩子的个性差异，并不是所有的孩子都能够成为像陈景润那样的数学家，也并不是所有的孩子都能成为像比尔·盖茨那样的富豪。

根据多年的教学经验，我认为，对待初中孩子，家长必须遵循这样一条原则：**对孩子要有期望值，但期望值不能过高。**

为什么对孩子要有期望值呢？因为孩子的自我约束能力差，需要有人帮他树立目标并且促其前进。在很多情况下，父母的期望也可以化作孩子奋发向上的动力。

也许有的家长会问了，对孩子要有期望值，又不能过高，该怎么做才算合理呢？这要根据孩子能力的具体情况来确定。下面我通过两个家教案例对比的方式来说明：

案例一：

邹杰的学习成绩并不出类拔萃，甚至连中等生的位置也占不到。

在给邹杰订期望值时，妈妈这样告诉他："我认真分析过你这几次的考试成绩，虽然都不太理想，但还有上升的空间，只要你在基础知识上多花点儿工夫，成绩一定会提高的。妈妈不期望你进重点高中，但普通高中你完全有能力拿下。"

案例二：

林惠的学习成绩始终在年级前 20 之列，三好学生每学期都有她的份儿。在给林惠订期望值时，妈妈这样告诉她："女儿，你一直都很出色，从来也不用我操心，进重点是没问题了，但要是再能进重点班就更棒了。"

可以说，这两位妈妈给孩子订的期望值就非常合理。案例一中，如果妈妈一定要让邹杰进重点高中，那么他肯定会灰心丧气，失去学习的动力。妈妈期望他进普通高中，这对于成绩不突出的邹杰来讲，只要再加把劲儿还是会实现的。那么，有了信心，邹杰就会为之而奋斗。

案例二中，依林惠目前的能力，只要发挥正常进重点没问题，但如果妈妈不停地强调一定要进入重点班，林惠可能就会有压力，进而心生焦虑，最后影响考试的发挥。表明能进重点班就更棒这个观点就不同了，从这句话中林惠感受不到丝毫压力，而为了挑战自己，林惠定会以十足的动力投入到学习中去。

如果家长们不知道该为孩子订什么样的期望值，不妨参照上面两位妈妈的做法，以孩子的实际能力为标准。

对孩子要有期望值，这在一定程度上可以化作孩子奋发向上的动力，但期望值不能过高，高了会让孩子产生压力，进而厌学。

所以父母在对孩子满含期望的同时，一定要注意结合孩子的实际情况，定一个孩子加把劲就能实现的目标。

5 不逼迫孩子学习，而是引导孩子学习

逼迫，就像给孩子戴上了学习的枷锁，会让孩子厌学；引导，则是在潜移默化中给孩子的学习生活加入了"甜蜜剂"，会让孩子好学。

其实孩子不喜欢学习的原因无非就那么几种，其中很重要的一种就是来自于父母的逼迫。我曾和一个亲戚的孩子聊天，他就属于这一种。让我们来听听他的肺腑之言：

他告诉我，他学习的动力就是在父母的逼迫下消失的，而他的心情也越来越糟。因此，他不想去上学，也不想回家，宁愿一个人在外面晃荡。

他说，父母一直就对他的学习盯得很紧，而升上初中以后更变本加厉了。父母开始逼着他加夜班，给他请家教，报各种辅导班。每天盯着他做作业，让他思想上和心灵上没有一丁点儿自由。他知道得认真学习，可是很反感家长这样"无理"地对待自己，于是对学习感到越来越厌倦。

看，这就是一个初中孩子的真情实感。他不是不喜欢学习，也不是不知道学习对于他的重要性，但最后却厌学了，而之所以会这样，不是他自身的原因，而是源于父母的逼迫。可以确切地说，是父母错误的教育方式，把孩子送上了厌学之路。

家长们不妨想想看，如果有人一直不停地逼迫你做一件事，你的心里会怎么想？是不是感到很烦，甚至痛恨这个人，而且你还会

这样想：你让我做，我偏不做。既然家长都这样认为，那更何况是孩子呢，尤其是自我意识膨胀的初中孩子。**你越强迫他学习，他越偏不这样做。久而久之，孩子一听到"学习"两个字就烦，便会产生厌学情绪。**

因此，对于初中孩子，我们不应该再像孩子小时候那样要求他绝对服从，对孩子的教育，也不应当是施加压力和逼迫，而应当是是引导和影响，采用灵活机动的方法使孩子爱学会学。

娟娟今年上 7 年级了，可是仍然像以前一样，不会主动去学习。后来，娟娟的妈妈想到了一个好方法，让娟娟最终爱上了学习，每天放学回家，第一件事不是开电视，而是自觉钻到房间里学习去了。娟娟妈妈是怎么做到的呢？以下是她的原话：

"严格说来，我这几乎算不上什么方法，我只不过是在晚饭后舍弃了看电视、打麻将的机会，捧一本书，伴一杯清茶，端坐在书桌前。"

娟娟妈妈的做法给了我们一点启示：**激发孩子的学习热情不是靠压、靠逼迫，而是靠引导。**一个人，在被逼迫的情况下，是不会心甘情愿去做任何事的；退一步讲，即便做了，也不会做好。相反，如果采用引导的方法，那么情况就大大不同了。

初中阶段的孩子，大多是逆反心理极强的，父母越是逼迫孩子去学习，孩子越会视学习为苦役，逃避学习，讨厌学习。反之，如果父母能够以身作则，真正用实际行动去引导孩子，给孩子一种行为上的积极暗示，这种润物无声的教育方式往往成效最佳。

6 不要给孩子贴负面 "标签"

家长给孩子贴上标签，往往会使孩子放弃努力、放弃改变自己，从而真正承认家长给他们贴上的这个 "标签"。

生活中，我们总会听到家长这样评价自己的孩子：

"这孩子头脑很聪明，但这聪明就是不往学习上用，整天想些与学习无关的事情！"

"这孩子就像没长脑子一样，做什么事也不知道思考！"

"这孩子总是很粗心，就他这粗心劲儿，肯定考不上重点高中！"

······

其实家长这样评价孩子，恰恰是给孩子贴标签的一种表现，这种行为往往会使孩子放弃努力、放弃改变自己，从而真正承认家长给他们贴上的这个 "标签"。

我曾教过这样一个孩子：

他做事总是很鲁莽，同学叫他去打架，他从不思考，跟着就去打，因此惹出了很多麻烦。我曾多次劝他，做事情之前要先思考一下，但他好像总是听不进去，总是在重复这样一句话："我像我爸爸一样鲁莽。"

听他这样说，我感到很惊奇，于是我决定去他家做一次家访。见到他的父母，我终于明白这个孩子为什么会说那样的话了。原来，孩子爸爸的性格确实很鲁莽，而孩子的妈妈又整天抱怨孩子："你像你爸爸一样鲁莽！""真是遗传呀，我看你这种鲁莽的性格是改不掉了。"……这样的话听得多了，孩子的性格变得越来越鲁莽了。

父子之间的性格确实会遗传，但是，如果这个孩子的妈妈一直在给孩子贴"鲁莽"的"标签"，那孩子就会对这个"标签"深信不疑，进而他的性格只能是越来越鲁莽。

当然，那些学习成绩不好的孩子更容易被父母贴"标签"，更容易成为父母口中所说的那种人。

我就曾接触过很多这样的孩子：

有些孩子因为学习不好，而经常被家长说成"一无是处"，没过多长时间，这个孩子真的变得"一无是处"了；

有些孩子因为成绩总是不能提高，就经常被家长说成"不会有大出息"，而事实也证明，这些孩子长大后确实没有什么大出息；

……

我一直在向家长们传达这样一个观念：**父母的教育方式和态度决定着孩子的一生，而对于青春期的孩子来说更是如此。**青春期的孩子很敏感，如果家长给孩子贴负面标签，那孩子会因为自尊受到伤害而变得叛逆。当然，孩子的一些轻微叛逆行为，等他们长大之后，自然会自动消失；但如果孩子的叛逆属于"深度叛逆"，那除非家长请专业的教育专家或心理专家帮忙，否则这种叛逆行为就会伴随孩子一生。

如果家长非要给孩子贴"标签"的话，那么就给孩子贴正面的"标签"，正面的"标签"才对孩子有激励作用。

一个 8 年级的孩子成绩很不好，家长对他的表现很不满意，于是整天指责他、批评他，而孩子对父母的行为也十分不满意，于是孩子变得任性、叛逆，亲子关系进入了"危险期"。

这个孩子的家长没有办法，便去向一位教育专家请教，教育专家听了这位家长的诉说，只对这位家长说了一句话：用放大镜去看他的优点。

家长似懂非懂，回到家里，孩子也刚刚放学回家，她无意间对孩子说了一句："今天你的校服很整齐呀。"

听到这句话，孩子先是一愣，然后也友好地问妈妈："妈妈，今天有什么好事吗，你好像很高兴呀？"

从那一刻起，这位家长终于明白：不是孩子不会好好与自己说话，而是自己先用带着消极情绪的话指责孩子的；不是孩子没有优点，而是一直以来，自己的眼睛总是在盯着孩子的缺点看。

在后来的日子里，这位家长还发现，孩子的优点好像会繁殖一样，当她把孩子的一个优点放大时，这个优点就会"繁殖"出更多的优点来。

的确，**孩子的成长是需要家长赏识的。**如果家长总是盯着他们的缺点、挑剔他们的行为，给他们贴负面的标签，那孩子的未来就会在这样一个恶性环境中度过：**孩子成绩不好→家长指责、批评他们→孩子行为越来越"叛逆"→孩子离"成才"越来越远。**

但如果家长能用放大镜去看这些青春期孩子的优点，给他们贴正面的"标签"，那这些孩子的未来就会进入一个完全不同于上面的良性循环：**家长用放大镜去看孩子的优点→孩子去努力弥补自己的不足→家长越来越赏识孩子→孩子越来越向"成才"的方向接近。**

其实，每位家长的眼睛都是两面放大镜，只是在一般情况下，家长放大的是孩子的缺点，而这种放大作用对孩子的成长是十分不利的。但如果家长看了上面的论述之后，能够做到用眼睛去放大孩子的缺点，那孩子的人生，也将从此刻起发生转折。

任何负面"标签"的影响都是巨大的，它会使孩子承认这种负面"标签"，并逐渐向其靠近。当然，如果家长为孩子贴的是正面"标签"，那么孩子也会承认家长所贴的这种"标签"，进而会为实现这种"标签"而不断努力。

7 从孩子众多的缺点中发掘出"唯一的优点"

打击只能使孩子变成一个懦夫，变成一个无能的人，而鼓励却能够使孩子成为一个优秀的人，它是孩子建立和培养自信心最原始的动力。

事实上，提升初中孩子的学习动力，最好的办法莫过于对他们进行肯定和赞赏。正如一位名人所说："如果一个孩子生活在鼓励之中，他就学会了自信。"

我们大家都有这样一种体会：如果自己的才能受到重视或褒奖，特别是受到自己尊重的人的重视，我们往往会将它发挥得更加充分。其实，孩子也是这样，听到表扬的话，孩子做事的意愿会大大提高，尤其是受到自己信赖的人，如父母、老师的表扬，孩子便会更加用功努力。

说到这里，我不得不讲一个发生在教学过程中活生生的例子：

文亮，一个令老师和家长头疼的孩子，学习成绩差得一塌糊涂，每次考试几乎都垫底。有一次，我给孩子们评阅作文，在评到文亮的作文时，我发现虽然他的作文整体来看很普通，但其中有一句话却写得很好。

于是，在给孩子们讲评作文的时候，我把文亮写的这句话单独挑出来，当着全班的面大声朗读了出来，还说："文亮的作文虽然不是很突出，但这句话写得很棒，我相信他只要努力，一定能把作文写好。"

后来，我惊奇地看到，文亮开始在作文上下工夫了，还经常把他自己写的东西拿来给我看，而且，在其他科目的学习上，他也更加用功了。更令我和他的父母高兴的是，他的学习成绩出现了可喜的变化，慢慢地从后面向前提升。

看，我只不过是给了孩子一点小小的鼓励，但听到表扬的孩子，却树立起了自信心，变得用功努力。

其实，每一个孩子都是这样，他得到了来自父母、老师的夸奖和鼓励，就会变得自信起来，而夸奖和鼓励越多，孩子的自信心会更为坚定。

然而，在现实生活中，一些父母却反其道而行之，不但不鼓励孩子，反而给孩子泼冷水。我常常听到家长这样教训孩子：

"怎么这么笨，这点小事都做不好，长大了还能做什么。"

"你的学习怎么一点儿长进也没有，你太让我失望了。"

"这几次考试越考越差，看来你真不是学习的料。"

……

如果说，得不到鼓励的孩子如同久旱的秧苗，那么，这些不但得不到鼓励，反而时常受到打击的孩子只会变成渴死的枯草。也许在家长看来，责骂孩子、批评孩子是在帮助孩子。殊不知，这种管教方式只会产生一种结果，而且是最坏的结果——不知不觉中让孩子失去了自信心。

无数家教实例证明：打击只能使孩子变成一个懦夫，变成一个无能的人，会毁掉孩子，而鼓励却能够使孩子成为一个优秀的人，它是孩子建立和培养自信心最原始的动力。

因此，当孩子的自信心指数正在一点点下降时，家长完全可以这样做：**通过鼓励培养起孩子的自信。**

也许有的家长会说，我也想鼓励鼓励孩子，可这孩子实在是太糟糕了，浑身上下找不出值得夸奖的地方。

在这里，我一直深信这样一个观点：**教育孩子，除了要用"放**

大镜"去看孩子的优点，还要用"放大镜"从孩子众多的缺点中发掘出"唯一的优点"。

可以这样说，即使是一个缺点多得数不清的孩子，其身上也有优点存在，只不过他的优点被缺点覆盖了，不易被发现。因此，这时候家长就要以敏锐的洞察力发现他们身上的闪光点，要"以一当十""以小见大"，哪怕是细微的进步也要及时表扬和鼓励，使孩子树立起信心。

一位同事分享了他的教学经验：

13 岁的小瑞是一个很内向很文静的男生，心灵极其脆弱，没有自信心，对学习感到力不从心，课堂上基本不发言。更恼人的是，他的自尊心极强，还不能批评，一说准哭。对于这个孩子，我想尽了办法也不见其效。

一次课上，他畏畏缩缩地举起了手，我马上点他发言，没想到他竟然回答得挺好，只是声音小了点儿，我当着全班同学的面表扬了他。我发现他笑了，我也笑了。从此以后，他举手的次数多了，慢慢地上课也认真了。

以此为契机，我找他聊天，告诉他："音乐老师经常在我面前表扬你，说你唱歌很好。音乐你能学得好，那老师相信你在其他方面也能学好。"这次以后，他做事更加认真，最重要的是对学习有信心了，人也变得开朗、勇敢了。

曾在一本教育著作上看到过这样一段话："每一个孩子都是一本打开的书，仅看封面是不够的。要真正认识一个孩子，就要打开这本书，从第一页开始耐心地看下去，一直仔细地看到最后一页。如果书中有错的字或标点符号，你要帮助他修改过来；如果书中有精彩的段落，你应该为他高兴喝彩；如果书中出现的是断层，需要你替他补充，你要和他一起创造新的内容……"

是啊，每个孩子都是会闪光的金子，但这块金子最初是埋在地底下的，需要家长去发现并打磨他，这样他才会发光。就像上述案例中的小瑞，他原本是块不会发光的黯淡"金子"，在老师用心打磨下，这块"金子"最后发光了。

孩子是渴望进步的，但在接二连三地碰壁之后，心中的渴望就会变为焦灼，再慢慢地发展为颓丧和自暴自弃，进而一蹶不振。这种情况下，如果家长能给予孩子鼓励，就能帮助孩子重拾自信。

总而言之，善于发现孩子的闪光点，会改变一个孩子的生活"轨迹"。

即使是一个缺点累累的孩子，身上也有闪光的地方，家长如果能够"慧眼识珠"，并给予孩子鼓励，那么，孩子定会还你一个奇迹。

8 帮孩子战胜惰性

身体的懒惰会使孩子慢慢忘记学习的目标、失去学习的动力；思想的懒惰会让孩子找不到初中的学习规律，丧失创造力。

到了初中，孩子学习成绩忽然下降，除了受环境的影响之外，与他们自身的惰性也有很大的关系。

家长们应该对这一点深有体会，孩子只要在家，不是躺在床上，就是躺在沙发上；家长让他们去做一些力所能及的家务，他们就会喊累；即使什么事情都不做，他们还是会喊累……

进入初中的孩子正处于青春期，青春期的孩子处在身体的第二个"迅速发育期"，身体的快速生长会消耗大量的能量，所以这些孩子经常会感觉到累。同时，由于青春期孩子的自控能力比较差、意志力也正处于薄弱阶段，所以在学习方面，孩子很容易就会成为惰性的俘虏。

惰性不仅包括身体的懒惰，还包括思想的懒惰。身体的懒惰会使孩子慢慢忘记学习的目标、失去学习的动力；思想的懒惰会让孩子找不到初中的学习规律，丧失创造力。因此，在惰性的影响下，孩子的学习成绩会一天天下降。

如果家长能够在这一阶段成功地帮孩子战胜"惰性"，那孩子的思想和行为也会变得积极起来，从而以积极的态度去面对学习。一旦孩子的学习态度变得积极起来，提高学习成绩就是很容易的事情了。

（1）闹钟一响，马上起床——锻炼孩子的行动力

"闹钟一响，马上起床"，看到这个题目，肯定有家长会想，这个建议很不好实行，闹钟响上 3 次、5 次，我家孩子都不会起床，这对于这些"懒"孩子来说太难了。

是的，在早晨要想让孩子离开温暖、舒服的被窝是很难的一件事情，但赖床不仅会助长孩子体内的"懒惰"细胞，而且会使孩子的行动力大大减退。举个例子来说，一个喜欢喜欢赖床的孩子不论做什么事情，都会"拖"：

家长让他们去做作业，他们会说"等 5 分钟再去"；

家长让他们去锻炼身体，他们会说"等一会儿再去"；

老师让他们去打扫卫生，他们会说"等两分钟再去"；

……

在这种"等一会儿""等几分钟"的拖延过程中，孩子的行动力在一点点减退。当拖延成为孩子的一种习惯时，他们就会把拖延当成理所应当，当他们在拖延时，他们的内疚感也会消失。也就是说，"懒惰"会毫不费力地战胜"理智"，这对初中孩子的发展来说，是很可怕的一件事情。

其实，在很多情况下，孩子的这种懒惰行为往往是由家长造成的。孩子早晨不起床，家长为他们准备两个或三个闹钟，再不行，家长便会亲自执行闹钟的"职责"，去叫孩子起床，而家长的这一做法，便成了孩子"再睡两分钟"的理由。第一个闹钟响了，孩子心想："反正有第二个闹钟呢，再睡几分钟吧！"第二个闹钟响了，孩子会想："反正我不起床，爸爸妈妈也会来叫我起床，再睡两分钟吧！"在这种心理的作用下，孩子的行动力永远也不会强。

所以，要想锻炼孩子的行动力，家长只需要做到一点就可以了，送孩子一个闹钟，这个闹钟只能订一个闹铃。闹铃响过之后，起不起床是孩子自己的事情，起床晚了就让孩子接受自然后果的惩罚吧。

升入初中之后，爸爸指着韩波的小闹钟对他说："初中的作息时间跟小学不一样了，你看你是否应该跟你的'老朋友'商量一下，改变一下作息时间呢？"

韩波想了想，把闹钟提前了半个小时。

初中阶段的孩子什么道理都懂，在很多时候，他们是看家长的态度"下菜碟"的：如果家长送他们两个闹钟，并时刻关注他们的起床情况，他们就会把起床当作一种艰难的、不能轻易完成的任务，甚至有时还会以不起床来要挟家长；但当家长送他们一个闹钟，并坚定地告诉他们，起床是他们自己的事情，起不起床由他们自己决定，在这个时候，孩子当然知道，起床晚了迟到了要受到老师的惩罚，当然自己就会主动去把握起床的时间了。

这也就是说，在锻炼孩子的行动力方面，家长必须要给孩子一种明确的态度：**行动不行动是你自己的事情，行动慢了，或者没有去行动，那你就必须接受自然惩罚。**

（2）让孩子学着洗衣、做饭

洗衣、做饭等一些简单的家务，其实是孩子在小学高年级时就应该学会做的事，然而在现实生活中，我们看到的现状却是中学生没有洗过衣服、没有做过饭的大有人在。

对此，许多家长给出的理由非常充分：心疼孩子，怕孩子吃苦，所以就把这些事情都大包大揽了；担心孩子做不好，既浪费时间，又浪费自己的精力，所以所有事情都由自己代劳了。

我奉劝家长不要再这样想，也不要再替孩子大包大揽了，这样做实际上是在助长孩子的惰性——原本该自己做的事情却有人承担了，孩子会变得越来越懒，而在这种惰性的驱使下，孩子学习的动力也就逐渐丧失了。

要知道，让孩子洗衣、做饭以及做一些简单的家务，恰是帮孩子战胜惰性的最好方法。

◇ 孩子的衣服脏了，家长应该告诉他："你已经是初中生了，必须要自己洗衣服了。"

◇ 周末，家长请孩子给全家人做饭，并对他说："初中生应该学着照顾家人了。"

……

如果孩子能意识到洗衣、做饭是自己应尽的义务，并积极地去做，久而久之，孩子身上的"懒惰"因子也就逐渐消失了。

而当孩子战胜了惰性后，你会发现，孩子就像彻底变了一个人一样：**他们变得积极、勤劳。更重要的是，他们学习的动力也增强了，学习成绩越来越好。**

名师点睛

孩子进入初中后学习成绩之所以骤降，有一部分原因在于他们身体里的"惰性"因子在作怪。因为身体懒惰，孩子失去了学习的动力；因为思想懒惰，孩子丧失了创造力，结果，在惰性的影响下，孩子的学习成绩在一天天下降。所以，要使孩子的学习成绩有所上升，家长的首要任务是帮助孩子战胜惰性。

有以下两种切实可行的措施可以帮助孩子克服惰性：

1. 闹钟一响，马上起床——锻炼孩子的行动力。赖床不仅会助长孩子体内的"懒惰"细胞，而且会使孩子的行动力大大减退，而闹钟一响，马上起床则会杀死孩子体内的"懒惰"细胞，大大增强孩子的行动力。

2. 让孩子学着洗衣、做饭。如果家长采用让孩子洗衣、做饭、做家务等方式教育孩子，那孩子的惰性便会慢慢消失乃至不见。

9 运用"比较"的方法刺激孩子

每一个孩子都是好竞争的，给他一个参照物，孩子就会以此为目标，燃起熊熊的斗志。

在办公室和同事们谈起初中阶段孩子的学习时，有的老师发出了这样的感叹：

"现在这些孩子聪明是聪明，就是不求上进，有能力拿 80 分，他考 60 分就满足了"；

"我班上有个孩子学习特别散漫，他的家长为此都找过我好多次了，让我好好督促督促这孩子，可不管我怎么说，这孩子就是不思进取"；

……

不求上进、不思进取，归根结底就是一句话：孩子没有进取心。

一个孩子一旦没有了进取心，那么这个孩子也就会甘于平庸。一个甘于平庸的孩子是不会积极上进，主动追求什么的。这样的孩子今后的发展前景如何，也就不难预料了。

正是因为进取心对孩子有着如此重大的影响，在和初中生家长接触过程中，我一直都在强调一点：**在初中阶段培养孩子的进取心，是必要而且紧迫的。**

如何培养呢？我有一个好的建议：运用"比较"的方法刺激孩子。每一个孩子都是好竞争的，给他一个参照物，孩子就会以此为目标，燃起熊熊的斗志。

（1）横向比——引导孩子和他人比

学习就是一个你追我赶的过程，有的孩子之所以会在这个过程中掉队，很多时候，就是因为他们缺少了一个追赶的目标。作为家长，为孩子寻找一个适合他追逐的目标，对激发孩子的进取心来说，有很大的帮助。

一位7年级家长对此可谓是感触良深：

一次月考过后，儿子拿着成绩单让我签字，我一看上面的成绩，都是刚刚及格的标准。看到这些我肺差点儿气炸了，真想把孩子暴揍一顿，但是我明白暴力解决不了问题，所以，我尽量控制自己的情绪，望着儿子的成绩单，轻描淡写地说："和你同桌只差这么几分啊！"儿子一看我拿他和同桌比，脸上微微有些激动："就是只差那么几分啊！"看儿子似乎有那么一点儿上进心，我接着说："稍微努努力，你不就超过他了？"儿子嘀咕了一声，没有说什么。但接下来的一段时间里，儿子却开始悄悄努力起来，第二次月考真的超过了他的同桌。

这个时候，我会接着帮他找一个相差不多的对手，继续"刺激"他，在我这样的连续"刺激"之下，儿子的好胜心、进取心得到了极大的激发，到现在不用我再给他找"对手"，他也开始自觉地给自己寻找竞争对手了。当然，他的成绩也慢慢提了上去。

初中阶段的孩子已经具有了很强的自尊意识、竞争意识，他们非常在意别人拿他和别人比较，也正是因为如此，家长如果能够给孩子找到一个"对手"，就能很好地刺激孩子的好胜心、上进心。

但家长要注意的一点是，这个对手和孩子的差距不能太大，如果他对于孩子而言是一个可望而不可及的目标，那么这不但不能达到激发孩子学习信心、进取动力的目的，反而有可能南辕北辙，出现反效果，比掉孩子的自信心。

（2）纵向比——引导孩子和自己比

所谓纵向比较，就是拿孩子的现在和过去进行比较。

第二章　增强初中孩子的学习动力，家长要说哪些话，做哪些事如果说和别人比，是驱使孩子前进的推动力，那么和自己比，就是驱动孩子不断进取的内驱力。家长若是能够很好地督促孩子不断和他自己比较，孩子在学习的时候，就能够有源源不断的动力，更加积极进取。

一位家长的做法给我们提供了借鉴：

孩子期中考试的成绩出来了，名次和前几次差不多，属于原地踏步型。孩子失望了，原本神采奕奕的小脸顿时失去了光彩："妈妈，我是不是就这点儿能耐了，怎么努力了这么久一点儿成效都没有？"我回答道："你怎么能这么想呢，你好好看看单科成绩，你平时最畏惧的数学和英语都提高了不少，这说明了什么，说明你的付出还是有收获的，所以名次虽然没有提升，但是你也没有必要因此而沮丧，只要再继续努力，下次名次一定会提升的。"

家长们也可以采用这种纵向比较的方法，**只要孩子努力了，比以前有一点儿进步，你就要抓住，并给予及时的表扬和鼓励，这样孩子才能信心百倍、学劲十足。**

竞争是孩子的天性，如果家长能够利用好孩子的这一特性，就能够成功激发出孩子的进取心。

1. 横向比——引导孩子和他人比。给孩子寻找一个适合于自己的"对手"，能很好地刺激孩子的好胜心、上进心。

2. 纵向比——引导孩子和自己比。

10 与老师和孩子都多多交流

升入初中以后，任何孩子在学习和生活上都要经历一个"适应期"，会遇到很多难题，这时候家长适时地帮孩子一把，孩子的成长速度就会越来越快。

升入初中以后，任何孩子在学习和生活上都要经历一个"适应期"，会遇到很多的难题。可身处青春期的孩子大多是有些情感闭锁的，他们情愿把心事放在心里，自己去品尝它的苦涩，也不愿说出来和家长共同分担。

那么，这个时候，家长应该如何做，才能帮上孩子呢？无数事实表明，家长应该首先做到两个"多沟通"——多与老师沟通，多与孩子沟通。

（1）多与老师沟通，问问孩子的近况

老师的态度对孩子的影响是巨大的，也许就是因为老师很随意的一句批评，孩子就有可能对自己失去信心，从而讨厌学习。因此，家长一旦发现孩子有患"厌学"的倾向，便要及时跟老师取得联系。

天翔是个很活泼的男生，但妈妈发现，自从天翔进入初中之后，还不到两周的时间，这孩子就像变了个人似的，情绪低落，而且经常向妈妈抱怨班主任不好。

天翔妈妈意识到了孩子的变化，便总是问孩子："是不是在新的学校有什么不适应的地方呀？"每次孩子都说他不喜欢班主任，妈妈再问他为什么，他就不好好与妈妈说话了。

为了弄清楚孩子变化的原因，天翔的妈妈主动找孩子的班主任谈了一次。在与班主任的共同探讨中，终于弄清楚了原因。

原来，在新生报道那天，天翔迟到了，严厉的班主任批评了他一句，并且由于当时同学们的座位都已经安排好了，班主任就先让个子并不是很高的天翔暂时坐到了最后一排。后来班主任因为事情太多，就把给天翔调座位的事情忘掉了，所以天翔就认为班主任对他有意见，从而学习、生活上都打不起精神来。

在初中新开学阶段，班主任往往是最忙的，他们没有时间和精力去研究每个孩子的心理。因此，在这段时间，家长只要发现孩子的情绪或心理有不对头的地方，就应该及时与班主任取得联系，及时沟通。

而且，这一阶段的孩子常有这样一种心理，他们很注重老师对他们的评价，老师的话他们也很愿意听。就像上面事例中所说的天翔，如果在妈妈与班主任沟通之后，班主任能够及时给天翔解决座位的问题，并对他说上几句鼓励的话，那么天翔对班主任的意见就会马上消失，而且很快就会恢复往日的活泼。

所以，在初中阶段，尤其是刚刚进入初中学习的开端阶段，家长与班主任的沟通和交流更是十分必要的。

（2）多与孩子沟通，问问他的困惑和苦恼

从教这么多年，有一个孩子给我留下了深刻的印象。这个孩子刚升上初中的时候，和大多数的孩子一样，也患上了"初中新生综合征"，可是过了没多久，他就适应了新环境，很快就投入到了学习中。

这孩子怎么适应得如此之快呢？当我找他解疑时，孩子回答我："这多亏了我的妈妈。"接着，他给我讲起了妈妈对他的帮助。

起初，我觉得学习真的是件特别痛苦的事，每天来学校，就好像赴刑场一般，我怎么也快乐不起来。眼尖的妈妈看出了我的不对劲儿，有一天晚上她敲开了我房间的门，亲切地问我："最近看你脸色不对，是不是出了什么事，能和我说说吗？"

听到妈妈这么一问，我积蓄了好几天的郁闷情绪顷刻间全部爆发了出来，我哇的一声哭了，然后抽抽噎噎地告诉妈妈新开的好多课程都很难学，怎么努力也找不到状态。妈妈听完我的诉说，鼓励我一定要有信心，然后还把自己当年学习的经验传授给了我。在妈妈的帮助下，我重拾信心，积极地投入到了学习中。

孩子进入一种新的环境中，容易生出许许多多、形形色色的困惑和苦恼，如果这些困惑和苦恼得不到解决，那么就会阻碍孩子的学习，使得孩子丧失学习的动力。反过来，一旦孩子的这些问题得以解决，那么孩子学习的动力就会迅速提升上去。

在初中这个问题多发期，家长们最不应该忽略的，就是与孩子之间的沟通。找个合适的时间，和孩子一同坐下来，问问孩子的困惑和苦恼，在孩子最需要自己的时候帮上那么一把。如此，不仅亲子关系会更为亲密，孩子的成长速度也会更快。

名师点睛

任何一个升上初中的孩子，都要经历一个"适应期"，都要遇到很多难题，对此，家长一定要伸出援手，适时帮孩子一把。具体怎么帮，有以下两个途径：

1. 多与老师沟通，问问孩子的近况。任何一个孩子都很在意也很愿意听老师的话，如果家长能够利用好孩子的这一特点，多与老师沟通，让老师给予孩子鼓励，孩子往往就会迅速"崛起"。

2. 多与孩子沟通，问问他的困惑和苦恼。进入初中后，孩子的烦恼会"堆得像喜马拉雅山一样高"，而这些往往是导致孩子丧失学习动力的主要原因，在这种情况下，帮助孩子扫清障碍显得尤为重要。

11　及时帮孩子排解压力

沉重的学习压力，往往是造成孩子厌学的原因。要使孩子"乐学"，就必须及时帮其解压。

一位爸爸对我讲了这样一件事：

女儿在一所重点中学念书，因为学校是重点，竞争比较激烈，孩子的好胜心又强，每晚除了完成作业之外自己还坚持多做 10 道数学题，多背 10 个单词。可自从孩子升上 8 年级后，成绩却越来越差，英语还出现过不及格，她晚上经常躲在被子里哭，不仅如此，她每天都不愿意去学校，到做作业时，就把自己关在屋子里，拉上窗帘，只开一盏小灯。对学习一向自信的孩子，突然变得一蹶不振。

另一位妈妈遇到的情况和这位爸爸差不多：

儿子今年刚上 7 年级，他好像变了个人似的，上小学的时候，每天回家后做作业很自觉，但上了初中，放学后一拿起作业本就提不起精神，尤其是很讨厌数学和英语科的作业。儿子不断地向我诉苦："初中各学科的难度比小学增加了许多，尤其是英语和数学，学起来很吃力，我一看到作业就讨厌。"

可以说，这是厌学的一个初期表现。就是在平时教学的时候，"我不想读书了。""上学好烦好累！"类似这样的话也常常不绝于耳。

那么，曾经好学的孩子如今为什么厌学了呢？很典型的，这是学习压力太重的缘故。**孩子上了初中以后，压力明显增加，升学压力、社会压力、家庭压力无一不给稚嫩的孩子的肩头加上了沉重的**

负担，如此稚嫩的肩膀，如此幼小的心灵，在面对这泰山压顶般重压之时，当然会选择反抗，而他们反抗的主要方式之一，就是厌学。

找到了孩子厌学的"病因"，现在我们就好对症下药给予治疗了，也就是说，要想孩子变"厌学"为"乐学"，我们首先要做的就是及时帮孩子排解压力。

家长如何给孩子减压呢？在多年与这些孩子接触的过程中，我总结出了以下几点经验：

（1）不说"你必须……"，而说"尽力了就是好样的"

"你必须……"，这是许多家长经常挂在嘴边的话。

从孩子走进校园的那天起，家长就会对孩子说"你必须考100分""你必须拿第一名"这样的话，多少年过去了，昔日的幼童已经长大了，但家长的谆谆教导并没有随着孩子年龄的增长推陈出新，而是陈年不变，"你必须考上重点高中""你必须进年级前10"等话依然不停地在孩子耳边回响。

对此，家长给出的理由是："我这样做，是为了鼓励孩子。"

这样的话对孩子真能起到激励的作用吗？有，但这个作用是负面的。

幼儿园以及中低年级的孩子，天真无邪，感受不到任何的压力，从家长口中听到"你必须……"，完全可能把它当成一种承载着家长对他期望的鼓励。孩子步入高年级以后，随着自我意识和思维能力的发展，已渐渐明白他身上所肩负的责任，懂得压力是什么，这时家长的"你必须……"，会让孩子感觉变了味儿，从而萌生出小小的排斥心理。当孩子到了初中，他对自己使命的认识更为深刻，从而生出许多压力，如果家长再说"你必须……"，在孩子看来，这不是鼓励，而是施压，而当孩子承受不住压力时，他就厌学了。

因此，在这里我提醒各位家长，一定不要再对孩子说"你必须……"的话了，这样做不是鼓励孩子而是在给孩子施压。

一位曾把孩子送到外国著名大学深造的爸爸谈到自己的教子经验时是这样说的：

哪个家长不希望自己的孩子考得好呢，包括我自己，也很在意孩子的成绩。正因为我特别渴望孩子取得好成绩，我才绝对不会对他说"你必须……"之类的话，每当孩子没考好时，我总会对他说："尽力了就是好样的"。

这位爸爸的教育方法好在哪里呢？让我们再来听听孩子是怎么说的：

当爸爸妈妈对我说"不要太在意考试结果，只要你尽力了就是好样的"时，我心里一下子就踏实了，像吃了定心丸一样，学习效率也明显提高了。

看，这就是这句话发挥的作用。家长的这句话，是对孩子的一种鼓励，也在一定程度上给予了孩子进步的空间和时间。听到这样的话，孩子就不会为考差了的成绩担心，也就不会给自己加压，没有了压力，孩子学习起来自然就会轻松很多。

（2）多鼓励，少批评

孩子在学习的过程中，总少不了考试这一环节，而涉及考试，不可避免就会有考差的时候。那么，当孩子成绩没有考好时，家长是如何对待的呢？

绝大多数的孩子都会受到家长的批评：

"你总是考不好，我看你是没前途了！"

"又考差了，看来你真不是学习的料！"

"考这么低，你怎么学的，实在是丢我的脸！"

……

只有少部分家长会这样对孩子说：

"这次考差了没关系，多注意点下次就不会再这样了。"

"认真总结一下失误的原因，你下次一定能考得好成绩。"

如果让我来对家长的行为做个评价，我赞成少部分家长的做法，而不欣赏甚至反对多数家长的做法。

一位教育家说过：数子十过，不如奖子一言。意思是说教育孩子的时候，鼓励比批评有用，对于某一个常犯错误的孩子，经常批评他，不如找他一个优点鼓励他一次效果好。

为什么鼓励比批评管用呢？

鼓励，是对人的思想、品质、言行的一种肯定、信任、理解、尊重和支持，能唤起被鼓励者的自信、自尊、自爱、自重；相反，过多的批评，对人所持的是一种否定、怀疑，让被批评者心里产生自卑、失望、自暴自弃，甚至是逆反心理和抵触情绪。

所以，教育孩子，家长最好采用多鼓励少批评的方法，因为鼓励能够激发孩子的信心，而批评则会使孩子丧失信心。

不少孩子上了初中后，学习压力明显增加，甚至一些小学时学习成绩很好的孩子都会感到一时难以适应，这样就很容易产生厌学心理。面对这种情况，家长首先要做的就是及时帮孩子排解压力。如何排解，可按照以下两点执行：

1. 不说"你必须……"，而说"尽力了就是好样的"。"你必须……"这样的话是在给孩子施压，而"尽力了就是好样的"这样的话才能对孩子起到减压的作用。

2. 多鼓励，少批评。孩子越被鼓励越有信心，而越被批评则越没信心。

12　不问成绩，只说"无论如何，父母都爱你"

家长过分关注孩子的成绩，其实就是在无形中给孩子施加压力。压力一过大，孩子的学习自信心也就容易"夭折"了。

生活中，许多家庭常常上演这样一幕场景：

每到出成绩的日子，孩子刚推开门，家长就洋溢着满脸的希望，焦急地迎上来："考得怎么样啊？"如果孩子回答考得很好，家长就会眉开眼笑，高兴地说："今晚给你做你喜欢吃的宫保鸡丁，想想有什么想要的，我明天给你买。"

如果孩子回答不理想，家长的脸立马拉长了，态度变得很严肃："怎么回事？你得给我说清楚。"或者什么也不说，长长地叹口气转身走了，再也不看孩子一眼。再或者扬手就给孩子一巴掌："你太让我失望了。"

在这些家长的眼中，成绩的好坏是衡量孩子成才与否的唯一标准，孩子成绩好，将来便会大有前途；成绩不好，就意味着孩子未来的人生注定失败。

家长们千万不要再这样做了，如果你再把成绩看得比什么都重，那么所面临的结果会让你更加失望，甚至绝望。

15 岁的方惠今年上 9 年级了，提到学习这事儿，竟像个大人似地叹了口气说：

考试对我来说，就好像世界末日降临一般。每次考前，妈妈都不断地对我说："你要考不好，同学就会看不起你，老师也会看不起你，你周围的所有人都会看不起你。"如此一来，我的压力更大了，好像我只是为了考分而活着。而且，如果考试的成绩不理想，我就会逐渐对自己失去信心，觉得对不起妈妈，同时我也会怀疑，妈妈爱的是我还是我的考分、我的荣誉？

是的，如果家长过分关注孩子的成绩，其实就是在无形中给孩子施加压力。一旦考试失利，孩子就会非常自责，认为对不起父母，觉得"考不好难以向家长交差"，这往往会使孩子对学习和考试的厌恶情绪加剧，就像事例中的方惠一样，会怀疑父母对自己的爱。

做父母的都希望孩子学习好、考高分，这是人之常情，但我们也应当知道，孩子不可能永远都考得好，没有失利的时候。**所以，为了不给孩子施压，家长就要做到这样一点：不问成绩，只说"无论如何，父母都爱你"。**

在这点上，一对父母的做法给我们做出了很好的榜样：

从孩子进入学校的那天起，每次考试前，这对父母都会轮流给孩子一个大大的拥抱，并告诉孩子："无论如何，我们都爱你。"孩子长大后，对父母的拥抱感到有些害羞，他们就改为握手，但鼓励的话还是没变。

孩子的成绩一直非常优异，即使偶尔考差了，他也不会着急，因为父母是不会怪他的。

孩子小时候，做父母的，从来就不吝啬于向他表达爱，可孩子大了，父母的这种爱的表达就慢慢减少了。有的父母觉得这完全没有必要，哪一个父母不爱自己的孩子；还有的父母会说，我们关心他们的成绩也是一种爱的表现。

但事实上，对于初中孩子来说，这种爱的表达很重要，它意味着一种支持、一种信任，能够给予孩子无穷的动力。诚然，关心孩子的成绩也是爱孩子的一种表现，可是这种爱会让孩子窒息，产生巨大的心理压力。

成绩不好，孩子自己比谁都着急，如果这是父母再伸一脚进去，无疑是火上浇油，让孩子更烦，压力更大。既然父母在孩子的学习方面帮不上什么忙，就不要再添乱了，只需要让孩子知道这种爱就可以了。从某种意义上来说，爱，是化解孩子压力的最好方法。

所以，智慧的父母，总会多给孩子一些关爱和支持，包括言语与肢体的支持，比如说"孩子，不要太累""孩子，无论如何，父母都爱你"，比如多抱抱孩子，让他觉得父母的爱就在身边。

名师点睛

在孩子的学习方面，我们做家长的，很难帮上什么具体的忙，我们能做的，就是给予孩子爱。事实上，"爱"恰恰是化解孩子压力的最好方法。

孩子心中有爱，才会感到幸福、快乐，意识到自己的重要性，一个时刻都拥有阳光心灵的孩子，自然身上也会充满着无穷的斗志，积极进取，奋发努力。

13 为孩子创造多条"成功的路"

家长一定要让孩子知道，学习成绩不好，他们还可以有很多路可以走，通往成功的路不止一条。

——❋

学习是孩子的天职，如果孩子的学习成绩一直处于落后状态，他们往往就会对自己失去信心。

我曾很仔细地研究过那些成绩不好的孩子的心理，尽管从表面看来，这些成绩不好的孩子鬼点子很多，经常给老师和同学们捣乱，但他们的心理却常常处于自卑之中。

在多年的教学过程中，对待每一个孩子，我都会努力做到一视同仁，但尽管我想尽办法去鼓励那些成绩不好的孩子，他们还是常常以"差生"自居，甚至有的孩子还对我讲："老师，你就别再为我操心了，我这辈子就这样儿了。"

而且，有这种思想的孩子绝对不在少数，如此小的年龄就放弃了自己的，真不知道他们未来的路该怎样走。但有一点我可以肯定，在今后的人生道路中，只要还有这样的想法，那么他们遇到的即使是一点点的困难，也会被他们看成天大的灾难，在他们这种自我认定的"灾难"中，他们甚至不经过努力便会退缩。我也可以毫不夸张地这样说，不管他们未来选择哪条路，他们的生活将一直充满着灰色的基调。所以，无论孩子的学习成绩如何，家长决不能让孩子对自己失去信心。

家长一定要让孩子知道，学习成绩不好，他们还可以有很多路可以走，通往成功的路不止一条。

（1）着重培养孩子某一方面的才能

我曾接触过这样一位爸爸：

女儿对学习不感兴趣，成绩一直不好，但她从小喜欢看漫画，起初只是单纯地看，后来就发展成自己在纸上信手涂鸦，从迷看漫画发展成迷画漫画。看到女儿如此痴迷，他给女儿报了一个兴趣班，还给女儿买来专业的绘画用品，在行动和精神上支持女儿朝着这一方向发展。

初中毕业，女儿没有考上高中，但她画的漫画却赢得了大众的喜爱，并且这些漫画好多都已经被制作成了漫画产品。

这个女孩并没有走"学习成就人生"的道路，但她的生活却因为其他方面的成就而有滋有味，她的人生也因为这些成就而丰富多彩。她的成功是如何获取的呢？可以说，这一切都是爸爸所给予的，如果没有爸爸对她才能的着重培养，也许就没有今日成就斐然的她了。

教学这么多年，我的很多学生都取得了令人瞩目的成绩，但在这些成功的孩子中，有很多孩子连重点高中都没有读过，更不用说读大学了。我曾对这些取得成就的孩子进行过研究，发现他们之所以取得如此大的成就，与他们身上的"本领"有很大的关系。什么本领呢？**就是那些可以成就一生的兴趣、爱好，也可以说是一种技能。**

家长们不妨借鉴这位爸爸的做法，发现孩子的潜力，着重培养孩子某一方面的才能，当你这样做的时候，其实是为孩子多创造了一条通往成功的路。

（2）培养孩子吃苦耐劳的精神

每当我和家长们提起初中阶段培养孩子吃苦耐劳精神很重要时，总有家长会发出这样的声音："现在都什么时候了，我们的条件这么好，为什么还要让孩子吃苦耐劳呢？"

面对家长这样的声音，我会认真地告诉他们："吃苦耐劳不仅是指在生活上艰苦奋斗，更是一笔宝贵的精神财富，孩子若能在初中阶段养成吃苦耐劳的品格，那么他的一生都将受益不尽。"

下面，我用我一位侄女的事例来说明这一问题：

侄女是家中的独生女，从生下来的那天起就备受全家人的重视，用"含在嘴里怕化了，捧在手里怕摔了"来形容也不为过，有关她的一切，大大小小全由家人包办。

从幼儿园到高中，倒还没出什么问题，一到大学，问题就来了。侄女高中毕业到省外去念大学，送她的家人才刚回到家，她的电话就尾随而至，去食堂吃饭不知道打什么菜，衣服、袜子不知道怎么洗，除了学习，其他事一无所知。她念大学那4年时间，嫂嫂去看她的次数多得数不清。

好不容易挨到大学毕业，以为可以松一口气了，没想到麻烦更大。找工作，用人单位嫌她娇贵，吃不了苦，拒绝了她的求职申请。

许多家长往往以为，孩子只要学习好，以后找工作一定没问题。其实不是这样的，文化考察是一方面，但用人单位更看重的是孩子能不能吃苦耐劳，如果孩子不具备这一精神，那么即便孩子的文化程度再高，他也无法在社会上立足。

我所熟悉的一位睿智的家长是这样做的：

现在生活条件是好了，可是孩子却越来越不像样子了，让他干点儿这个，他推说干不了不肯干，让他干点儿那个，他又一副没精神的样子说嫌累。看着孩子这个样子，我是真来气：孩子这么娇贵自己，那以后还能做成什么事。7年级暑假，我把孩子送回乡下老家去住了一段时间。在这段时间里，我关照老家人，让孩子跟乡下的孩子一起参加劳动，吃农家饭，住农家院，过上几天自食其力的乡村生活……刚开始孩子还总是抱怨乡下蚊虫多、干活太累、饭菜不好吃，但不管孩子怎么说，我都咬着牙没心软，硬是让孩子在乡下过完了一个暑假。

孩子暑假回来之后，整个人给我的感觉都变了，不仅身体变得结实了，还会主动帮我做家务呢！不能不说，在乡下锻炼的这段时间，孩子是真的学到了很多东西。

看看，适时让孩子吃些苦头，对孩子来说，并不是坏事吧？所以，现在仍旧把孩子揣在手心里的家长，是时候该给孩子上上吃苦耐劳的教育课了。就像例子中的家长一样，**让孩子去体验一下劳动、体验一下自力更生的滋味，从近一点来讲，孩子的动手能力和独立能力都会得到相应的提升，从长远角度出发，这实际上是在为孩子的成功增加更多的筹码。**

如果孩子的学习一直处于落后状态，他们往往就会对自己失去信心，一蹶不振。这时候，智慧的家长绝不会让孩子对自己的人生失去信心，而是立即着手，为孩子创造多条成功的路。

1. 着重培养孩子某一方面的才能。孩子显露出来的兴趣、爱好，如果得到精心的培养，那么很可能就会成为孩子通往成功的天梯。

2. 培养孩子吃苦耐劳的精神。无论哪一种成功的获得，都需要具有吃苦耐劳的品质，如果孩子具备了这一品质，无疑就为成功增添了砝码。

第 三 章

初中 7–9 年级,"厌学"变"乐学"的那些技巧

事实上，升上初中的孩子之所以会厌学，与他们学习能力的欠缺有着莫大的关系。例如：

有的孩子不会列学习计划，面对增多的学习科目，只感觉"难、乱、烦"；

有的孩子自学能力差，不能自动自发去学习，这样就无法适应以自学为主的初中学习；

有的孩子注意力不集中，知识进入大脑的门便在无意中关上了；

有的孩子意志力不够坚定，往往"三天大鱼两天晒网"，结果吃尽了学习的亏；

有的孩子记忆力太差，学过了转头就忘，最终导致成绩不理想；

……

因此，要让孩子变"厌学"为"乐学"，最有效的办法就是提升孩子的学习能力。

1 做学习计划的能力
——孩子学会学习的"前奏"

初中阶段，科目繁多是一大特点。如果学习没有计划性，孩子很容易会陷入忙乱境地，这门没学会、那门没学透，浪费宝贵的时间和精力。

进入初中，孩子要学习的科目与小学时相比，增加了将近一倍，很多孩子开始理不清头绪，甚至有些应接不暇了。就拿晚上做作业来说吧，在小学时，孩子天天围着数学、语文、英语三大主科转，时间还觉得不够用。现在一时之间增加了这么多新科目，孩子们的感觉只能用"难、乱、烦"来形容。因此，要想过初中科目多这一"难关"，家长就要教会孩子学会列学习计划。

我就曾教过这样一个孩子，她年龄要比同班的大多数孩子小一岁，但当大多数孩子都对突然增加的科目感到很累或者是无从下手时，她却学得很愉快、很轻松。当我让她给同学们分享学习的经验时，她是这样说的："如果你们列一个学习计划表，学习起来就不会那样累了。"

原来，在意识到初中科目繁多有可能成为孩子学习的一大障碍之后，这个孩子的家长早早就开始教孩子做学习计划了。当孩子能够自己列学习计划，并真正按着计划学习时，学习对她来说也就不算什么难事了。

那么，如何做学习计划呢？我们还是先来听听这个孩子的经验：

我的学习计划很简单，完全是按着课程表来做的。比如，今天学了 4 门课程，数学、语文、历史、地理，那我在今天晚上就会先把这些科目的作业做完，然后再把白天老师讲的笔记和课本认真地看一遍，最后再把明天将要学习的几科内容大致地预习一下。

其实，这个孩子的学习计划之中并没有什么高明的"招术"，但却很具科学性。我在她的学习计划中看出了这样两点很重要的学习方法：

一是及时复习。每天晚上把白天所学科目的笔记和课本认真地看上一遍，便是很好的复习。因为遗忘规律是先快后慢的，如果新学的东西及时复习，便会记得很牢固。另外，由于初中的知识有很强的连贯性，及时复习前面所学的知识，对于后面知识的学习也有很大的帮助。

二是提前预习。提前预习可以使孩子从被动学习向主动学习转变，从而大大提高孩子听课的效率。一般来说，预习科目以第二天的所上的课程为主。

孩子刚刚升入中学，往往会陷入迷茫之中。如果此时父母能够引导孩子列出一个适合自己的学习计划，任何一个刚刚升入中学的孩子，都不会再为科目繁多而发愁，从而也能很轻易地摆脱"初中新生综合征"了。

然而，提到学习计划，常有很多家长皱着眉头说："我家的孩子都试过很多次了，制订学习计划对学习根本就没有太大帮助。"

结合很多孩子的实际情况，我曾仔细分析过，之所以会出现这种令人失望的结果，主要原因在于孩子制订的学习计划不合理。具体而言，制订一份切实可行的学习计划，必须注意以下两个方面：

（1）学习计划既要"详"又要"实"

所谓"详"，对于初中生而言，也就是说，如果学习计划里仅仅出现时间和科目是远远不够的，最起码要详细到具体的章节、具体的任务量，如在一个小时内要背会多少课文、复习多少笔记等。

我曾接触过这样一个孩子：

为了适应初中的学习情况，他为自己制订了学习计划。他的学习计划做得很详细，如8：00－8：50，背会一篇语文课文；8：50－9：30，做数学习题；9：30－10：20，背诵三道历史题……

按说这个孩子的学习计划已经做得很详细了，但这个学习计划仍然以失败而告终。

后来这个孩子找到了我，问我他学习计划失败的原因，我看了看这个学习计划，然后问他："你能一刻不停地学习吗？"

这个孩子认真地看了看自己的学习计划，不好意思地低下了头。

这就是一个很典型的案例，这个孩子的学习计划虽然做到了"详"，但却没有做到"实"，也就是说，他的学习计划不符合实际。我们都知道，任何一个人都不可能一刻不停地学习或工作，对于初中的孩子来说更是如此。根据这个孩子的学习计划，刚学习了50分钟的语文，接下来又要马上学习数学，接下来又要马上学习历史……这根本就不能真正地去执行，所以这个孩子的学习计划只能以失败而告终。

当然，如果在这个孩子的学习计划中，每学完一个科目，他能留出10－15分钟的休息时间，那这个学习计划就变成了一个科学的、易执行的学习计划。

（2）学习计划既要"定"又要"变"

人们常说，计划赶不上变化。的确，在孩子具体执行学习计划的过程中，很可能会遇到一些偶然的、突发的情况，或是因为某些原因而导致某项目标不能按计划完成，例如突然有亲朋拜访、生病或受伤了、同学找他帮忙、老师找他有事，等等。这些计划之外的事情经常会打乱孩子原有的安排，使原定计划不能按时完成。

碰到这种情况，我们该怎么做呢？我的建议是让孩子根据实际情况，适时调整学习计划。

我曾教过的一个孩子，就因固执己见而付出了相应的代价：

那是在校运动会期间，有一天这个孩子参加了某个运动项目，回到家后觉得非常疲倦，本想早点躺下休息的，可是一想到当天的学习计划没有完成，便强迫自己坐在了书桌前。孩子那天是一边打盹一边做完题的。没想到，题目发回来后，上面布满了鲜红的叉。

这就是不灵活执行学习计划的结果，如果这孩子能及时改变计划早早休息，那么就不会出现上述现象了。

要搞好学习，计划是一定要做的，但是不能过于僵死呆板，没有任何灵活的变通，否则就无异于削足适履了。最明智的做法是协助孩子一起制订一张弹性的学习计划表，在紧凑、不浪费时间的前提下，保持一定的弹性和保险系数，便于应付偶然情况。例如：

◇ 可以让孩子每天晚上空出半个小时，作为机动时间，专门完成一天当中没有完成的计划；

◇ 还可以让孩子每周抽出半天时间，专门完成本周未完成的计划。

对于刚刚升入初中的孩子来说，学会制订和执行学习计划，是他们适应初中阶段学习的第一步。因此，在孩子进入初中后，家长要引导孩子学着列学习计划，在列这个计划时，要注意以下两点：

1. 学习计划既要"详"又要"实"。对于初中生而言，学习计划要做到"详"，也就是最起码要详细到具体的章节、具体的任务量，此外，还得符合实际。

2. 学习计划既要"定"又要"变"。对于初中生而言，必须制订学习计划，但不能过于僵死呆板，还得灵活变通。

2 提升孩子的自学能力
——准备一个知识重点本

只有提升孩子的自学能力，孩子才能尽快适应新的学习生活，变厌学为乐学。

造成孩子厌学的原因有很多种，其中一个在于自学能力弱。

何谓自学能力？自学能力是指一个人不依赖或较少依赖他人的指导和帮助学习知识、掌握知识、应用知识的能力。

现在，我们再来做具体分析。小学阶段的学习，由于孩子的年龄特点，很多时候都是老师领着、看着孩子学习，无所不包，无所不管。除了老师，还有家长监督孩子的课外学习，并予以一定的辅导。因此可以这样说，在整个小学阶段，孩子大多是在老师和家长的督促下完成学习任务，相应地孩子也养成了依赖和被动的心理。

到了初中则完全相反，如果说小学阶段的学习是以老师教授为主，那么初中就是以学生自学为主，老师教授为辅。也就是说，初中老师不会再像小学老师那样手把手教孩子了，而是以动之以情、晓之以理的方式让孩子自动自发地去学习。另外，在家庭教育中，由于学习难度的增加，家长对孩子的辅导也渐渐变得力不从心，从而直接减少了对孩子的帮助。

由于无法适应这种新的转变，没有形成自学的能力，孩子就无法适应新的学习生活，由此产生厌学心理。

那么，如何培养孩子的自学能力呢？我有一个好的建议：**给孩子准备一个"知识重点本"。**

过了今天晚上，鑫鑫就要成为一个名副其实的初中生了，在他睡觉前，妈妈来到他的房间，郑重地把一个精美的笔记本交到了鑫鑫手中。"知识重点总结本，"鑫鑫疑惑地看着妈妈，"这是什么意思呀？"

"就是说，在以后的学习过程中，你要学会总结，把课本上归纳出来的重点知识都记录在这个本子上，比如说某篇语文课文是写人的，那么它的重点就是描写人物的方法；英语学了个对话，其中的语法就是重点；某个数学公式有几种运用方法……"

鑫鑫照着妈妈教的方法去做了，3 年下来，总结本记了好几个，而他的成绩也是一路领先，最后考上一所重点高中。

自学能力中很重要的一点，就是要知道所学知识中哪些是重点、哪些是难点，该如何强化掌握。**让孩子自己总结知识重点的过程，其实就是一个强化孩子自学能力的过程，当孩子知道自己应该学什么以及怎么学时，自然也就具有超强的自学能力了。**

家长们可以像鑫鑫的妈妈一样，也给孩子准备一个"知识重点总结本"，相信用不了多久，孩子就会用出色的成绩向你证明：他是一个多么会学习的人！

很多初中阶段的孩子之所以产生厌学情绪，往往是因为他们的自学能力比较差，不能很好地适应老师讲课的节奏。

如何才能在初中阶段提升孩子的自学能力呢？引导孩子准备一个"知识重点总结本"就是一条捷径。

③ 从错题入手，用成绩去提升孩子的自信心

要使孩子产生稳固持久的学习动力，最有效的途径就是让他们尽快地、不断地获得良好学习结果的反馈。

导致孩子不自信的原因有很多，但对于初中孩子而言，最主要的原因依然在于：**考试成绩的不如意。**

班上有个叫天天的孩子，听他的家长反映孩子在小学表现得非常自信，例如，上课经常举手发言，课外积极参与讨论，对学习很上心，成绩也很突出。

可我看到的情况却与之相反，天天不愿积极参与讨论，不愿主动发言，对学习也不热衷，成绩明显下降了很多。

怎么会有如此巨大的反差呢？带着大大的"？"，我把天天叫到了办公室：

我："听说你小学时表现很好，但我现在看到的却不是这样，学习没动力不说，成绩一直在下滑，你能告诉老师这是为什么吗？"

天天："老师，我是不是很笨啊？我觉得我不是读书的料。"

我："你怎么这么说呢？"

天天："以前每次考试，我都能取得好成绩。可是现在，考了这么多次，一次比一次差，这不是我脑子笨是什么？"

瞧，这就是初中孩子丧失学习信心的原因，因为考试成绩不如意，使得这些自我意识和思维能力逐渐增强的孩子对自己的能力产生了怀疑，而又因为不敢再次面对失败，因而选择了用逃避、远离

的方式来对待学习。

如果孩子再这样下去，那对学习来讲必然是极为不利的。道理再简单不过了，一个对学习失去兴趣，对自身的学习能力失去信心的学生，又怎能真正搞好学习呢？因此，我认为，家长们一定要给予这个问题以足够的重视，帮助孩子重新树立自信心。

那家长应该如何做呢？我这里有一个行之有效的方法：**从错题入手，用成绩去提升孩子的自信心。**

一位家长就是采用了这种方法，帮助孩子恢复了往日的自信。我们来看看他是怎么做的：

孩子自从升上初中后，对学习没以前那样上心了，放学回家后，不是像往常一样拿出作业来写，而是打开电视津津有味地看起来。周末孩子原本喜欢待在家里看书的，现在也不看了，都是和同学出去玩儿了。面对这种反常现象，我决定找孩子谈谈。

我："你好像有点厌学的情绪。"

孩子："还不是因为那些考试，回回考，一次比一次差，搞得我都没信心了。"

我："那你不想把成绩提升上来吗？"

孩子："想啊，可是没办法，我已经努力了，成绩还是那样糟糕。"

我："我有一个好办法，说不定可以帮你扭转局面。"

孩子："是吗？你快给我说说。"

我："这个方法是这样的，你得给自己准备个错题本，把每次考试做错的题都抄在这个本子上。一有空就拿出来看，认真分析、总结一下，看错在什么地方，如果是知识点没有牢固掌握，那你就翻开课本看看；如果是粗心大意，那就尽量把这个坏习惯纠正过来。这样做，我保证你下次考试一定会比前一次好。"

嘿，没想到我教给孩子的这个方法还真管用，他的成绩确实逐渐提升上来了。而因为尝到了"甜头"，孩子又恢复了以往的学习状态，放学回家先写作业，周末在家看书温习功课。

初中孩子就是这样，成绩才是他们提升自信最大的动力，看到成绩提升了，他们的自信心也就树立起来了。因此，作为家长，要使孩子产生稳固持久的学习动力，最有效的途径就是让他们尽快地、不断地获得良好学习结果的反馈。怎么做呢？那就是让孩子准备一个错题本。

错题本的意义是重大的。**在孩子求知的过程中，必然会出现很多的错误，如果形成了整理错题的习惯，那么错的就会变成经验，这种经验会为孩子下一步追求正确提供可贵的学习资源。**

最后，讲讲错题本整理的方法。其实很简单，只需要把做错的题目以及当时的错误解法抄在本子上，再把正确的答案写在旁边，这样一比照，各科的薄弱环节就一目了然了。也可以把在学习中的体会以文字的形式记录下来，经常翻看。比如我看到一个孩子的错题本上是这样写的："在数学考试中答选择题要注意答题技巧，比如有的题可以用特殊值法、排除法、代入验证法；填空题应注意准确性和全面性；大题应注意答题的规范性。"

孩子厌学，最主要的原因在于考试成绩的不如意，如果能让他们看到成绩提升的喜人成果，那么孩子的自信心也就树立起来了。

怎么提升？帮孩子准备一个错题本，把错的都弄会，成绩自然也就得到了提升。

4 注重孩子总结归纳能力的提升

总结归纳能力是初中生必须具备的一种学习能力，不管是从当前角度出发，还是从长远角度考虑，对孩子都是大有裨益的。

前几天与女儿一同观看中央电视台少儿频道的一个节目，内容是给孩子介绍有关长臂猿和鹈鹕生活习性的知识，女儿看得津津有味，注意力可集中了。节目结束后，我问女儿刚才讲的是什么内容，女儿把头摇得像拨浪鼓，说不知道。

不单是我的女儿，班上那些已经十几岁的孩子也是一样。翻开他们的习题本和试卷，之所以做错或失分，败就败在审题能力、阅读能力和写作能力太差。例如：

数学审题，题目一长，所给的条件太多，就不知道这道题究竟在讲什么；

语文、英语阅读题，一篇文章从头到尾读完了，还不清楚文章大概是怎么回事；

语文、英语写作，往往不能围绕中心写，跑题是常有的现象。

各位家长不妨想想看，为什么我的女儿集中注意力看完了节目却不知道节目内容，为什么这些初中孩子审题能力、阅读能力和写作能力都不尽如人意呢？其实，关键的原因就在于孩子的总结归纳能力差，以至于不能正确概括出节目内容，数学题目的意思，语文、英语大意和作文中心。

一次偶然的机会，在电视上看到一个访谈节目，访谈对象是联想老总——我国著名企业家柳传志。在长达一个小时的访谈过程中，面对主持人一一提出的问题，柳传志都发表了自己的观点。而在所有的提问与回答中，让我印象最深刻的是以下这点：

主持人："作为中国最大的 IT 企业的'老板'，你更关心具有哪些素质的新人进入企业？"

柳传志："我最看重总结归纳能力，就是看他能否在所做过的事情中提炼出最精当的部分，总结出规律性的东西。"

从柳传志的回答中，我们可以看出这样一点：企业最欢迎的人才是具有良好总结归纳能力的人。反过来讲，一个人要想在事业上有所发展或是取得成功，具备总结归纳能力最为重要。

的确，放眼那些在各个领域大放光彩，发挥决定性作用的人，无一不具有良好的总结归纳能力。一场冗长的报告会结束后，他能马上概括出会议重点，并做出正确指示；一个项目，当下属一一表述完自己的观点，一个总体的方案已经从他口中出炉了；面对一场突如其来的变故，当所有人还处于混乱之中且不知所措时，他能临危不乱，镇静地指导别人怎么解决问题……

从某种意义上我们可以这样说，总结归纳能力强的人，是天生的王者，是领军级的人物。

与此同时，这也给各位家长敲响了警钟，如果我们的孩子不具备这种能力，那么他以后的前途就有点儿堪忧了。

具体怎么才能培养孩子的总结归纳能力呢？以下这两种方法可供参考。

（1）教孩子写读书笔记

在一次 8 年级的例行班会上，我问了孩子们一个问题："课余时间，除了做作业之外，还看书的请举手。"我才问完，台下许多双手齐刷刷举了起来。

"非常好，那看完书还写读书笔记的请举手。"这次，举手的人

初中 7~9 年级，『厌学』变『乐学』的那些技巧

第三章

只有零星几个。我惊奇地发现，这几个举手的孩子正是班上成绩最好的，尤其是语文成绩，不但基础题做得好，阅读题和作文都不错，有的还常常拿满分。

有的家长可能不解，写读书笔记怎么和成绩挂上钩了？家长们可能不知道，在读书时，写读书笔记是训练阅读能力和提高作文水平的好方法。

说到这里，我想起了一个我曾经教过的孩子：

有一年学校让我接管 8 年级的孩子，负责他们的语文教学，张宁是这拨孩子中的一个。开学的第一周，我就给孩子们布置了一篇作文，在所有交上来的作文中，我被张宁的作文深深吸引住了，给了她满分。这是一篇游记，描写了她在 7 年级暑假随父母外出旅游时的所见所闻所感，文章真实感人，把抒情、记事和议论有机地结合起来，让读者有身临其境之感。

在接下来的两年的学习中，张宁的语文成绩一直在班上领先，尤其是阅读理解和作文，经常得满分。我很好奇，这孩子是如何做到这么出色的，后来通过与张宁妈妈的交流，我找到了答案。

张宁的妈妈和我一样，是一位中学老师，她非常清楚课外阅读对孩子意味着什么。从小学一年级开始，妈妈就规定张宁每周 3 天，每次一小时的课外阅读时间，看儿童文学、短篇故事、压缩版配插图的古典名著系列丛书。后来，随着年龄的增长，妈妈把看书的时间延长到 3 个小时，内容换成名人故事、精美散文等书籍，而且不仅是看，妈妈还额外给张宁加了任务——写读书笔记。在读书笔记中，要记录以下三点内容：一是把书中一些好的句子和段落摘出来，抄在本子上；二是写读后感，读完书后写出自己的认识、感想、体会和启发；三是列提纲，用自己的话说出所看书或文章的主要内容和写作思路。

妈妈让张宁写读书笔记的训练方法非常棒。首先，孩子做的摘要式的读书笔记，即摘抄书中的好词、好句、好段，为写作积累了大量的素材。日积月累，积少成多，积沙成塔，写作文需要时，就可以从"仓库"里搬出来，参考使用。其次，孩子写读后感和列提纲，特别是列提纲，需要先经过一番思考，然后进行概括才能完成，而在这一过程中，锻炼了孩子总结归纳的能力。当孩子具备了这一能力后，要做好阅读理解就不在话下了，别的科目的学习也不是难事。

现在，各位家长都明白了吧，**写读书笔记与孩子的成绩是有密切关系的，更重要的是，孩子在做这项训练的过程中，能够提升总结归纳的能力。**初中阶段的孩子，思维能力明显增强了很多，对所接触的人和事都有了自己的看法，因此，家长在引导孩子进行课外阅读的时候，可以适当给孩子增加点儿任务，比如写读书笔记。

在读书笔记中应记录些什么内容呢？你不妨借鉴张宁妈妈的做法，从以下这三个方面着手：

◇ 摘录：让孩子把书上精彩的、有意义的、富有哲理的语句、重要的片段摘抄下来。

◇ 写读后感：读书之后，让孩子把自己的收获、心得、体会、感想等，联系自己的实际写下来。

◇ 列提纲：读完一本书或一篇文章，让孩子逐段把作者隐含的提纲找出来，记下来，弄清文章的主要内容和写作思路。

（2）常和孩子探讨问题

有一次，我在班上搞了一个小型的联欢会，要求每个同学都出个节目，几个人一起合作也行，并邀请了孩子们的家长来看。担任联欢会主持人的是我们班的班长——方宇同学。

整个联欢会非常成功，每个孩子都拿出了十二分的力气，把自己的才艺展现在大家面前。而在这次成功的联欢会的整个过程中，方宇功不可没，从刚开始的开场白，接着每一次报幕，到最后的结束语，不仅台词是他自己撰写的，在台上的表现也很到位，落落大方，颇具一个真正主持人的风范。

其中出现了一点小插曲，一个孩子在唱歌的过程中突然卡壳了，台下顿时骚动起来，那孩子自己在台上也涨红了脸，可以说整个会场有点混乱了。站在一旁欣赏节目的我正准备上台，没想到方宇"捷足先登"，轻而易举就平息了这场小小的风波。

台下的人都为方宇的表现鼓掌，有的家长还窃窃私语："这孩子，天生一副领导者的样子，长大了肯定了不得。""是啊，真不知道家长是怎么教的，想想我家孩子，与他相比，简直是个扶不起的阿斗。别说主持了，上个台都会要了他的命。"

在平时，我经常听到有的家长抱怨："我家孩子要是能像他们的班长那样就好了，小小年纪就展现出非凡的能力，把班级事务打理得井井有条。唉！孩子即使有人家一半的能力我也会很知足的。"

任何人的能力都不是天生的，大多来自后天的培养，一个孩子能够出色，固然跟学校的教育以及自身的努力有关，但最大的功臣还是孩子的父母。因此，在我看来，只要家长平时多用点心，你的孩子也会同样出色。

我们班的方宇就是这样，他能够比其他人突出，除了自身的努力以及学校的教育之外，与他父母的用心栽培是分不开的。现在，我们就来向方宇的父母讨教讨教他们教子成功的"秘诀"。

"是的，我们平时很注意提升孩子总结归纳能力的训练，提到训练的方法，其实很简单，就是常和孩子探讨问题，比如我们家就经常召开家庭会议，就某一方面的问题进行探讨，并且让孩子做会议的主持人。"方宇的爸爸说道。他还举了个例子：

方宇："首先，让我们热烈祝贺'家庭会议'的召开。我是会议主持人方宇，今天我们讨论的问题是要不要给方宇在周末报课外辅导班。大家现在可以各自表明观点，方先生，先从你开始。"

方宇爸爸："老实说，我不提倡给方宇报班，因为这样做剥夺了孩子玩乐的权利。但是，看到别的孩子都上辅导班，我又怕孩子跟不上，落后别人一大截。"

方宇："方先生陈述完毕，林女士，你来说说你的看法。"

方宇妈妈："我和方先生不一样，我从小接受的是严格的家庭教育，可以说，我是一个受无休止学习荼毒的人，深知学习之苦，因此我也不希望孩子再重蹈我的覆辙。可是我的顾虑又和方先生一样，就怕孩子输在了起跑线上。"

　　方宇："我说两句。本质上我很排斥上辅导班，首先周末休息的时间少了，其次学校的学习本来就很累，再额外'加餐'，会加重我学习的负担。我认为，只要平时认真学习，就没有必要在周末'加餐'了。"

　　方宇："最后，我对今天的讨论做个总结。方先生和林女士的心理很矛盾，一方面不愿给方宇报班，另一方面不报又怕方宇学习跟不上。而方宇本人则持反对态度，三者综合在一起，可以得出这样一种结果：班可以不报，但方宇必须保证学习质量，不能退步。"

　　和孩子探讨问题，确实是个训练孩子总结归纳能力的好方法。在讨论的过程中，大家畅所欲言，各抒己见，而对孩子来讲，他得专心听取每个人的意见，认真思考，并综合别人的看法提出自己的观点。这样一来，孩子的总结归纳能力就在无形中得到了提升。就像案例中的方宇，最后所做的总结性的发言，就是对他总结归纳能力的一个考验。

　　常和孩子探讨问题，在探讨问题的过程中提升孩子总结归纳的能力，家长们不妨试试这个方法。

名师点睛

　　帮助孩子提升总结归纳能力，家长应当做些什么呢？可以这样做：

　　1. 教孩子写读书笔记。做读书笔记，需要先经过一番思考，然后进行概括才能完成，而在这一过程中，实际上就锻炼了孩子总结归纳的能力。

　　2. 常和孩子探讨问题。大家一起探讨问题，孩子得专心听取每个人的意见，认真思考，并综合别人的看法提出自己的观点，这样一来，孩子的总结归纳能力就在无形中得到了提升。

5 加强思维能力的锻炼

大脑思维的简单与复杂直接决定着一个人智力的高低，一个没有良好思维素质的人，其智力水平也是差强人意的。

在一次 8 年级的家长会上，一位妈妈反映道："以往孩子的学习很好，思维也很敏捷。可自从升入初中，他的思维能力好像有点跟不上，这让他的成绩下降了不少。"

这位妈妈讲述完之后，立刻引起了很多家长的共鸣：

一位家长说："我家孩子反应很迟钝，一件事情别人一下子就理解了，可他还不知道是怎么回事儿。"

另一位家长说："老师说女儿的接受能力差，思维迟钝。我们家长也感觉到了，特别是在理科方面，题都会做，却要想三四分钟才知道。"

还有一位家长说："孩子的发育正常，可是比同龄孩子要慢半拍，在平时与小伙伴玩耍时动作的灵敏性也比其他孩子弱很多，学习就更不用提了。"

……

孩子的思维力较弱，这确实是孩子学习的一个障碍，家长为此很着急的心情我能理解，但我们首先要解决的问题是孩子的思维力为什么会弱，也就是说是什么原因导致了孩子思维力弱。只有找到问题产生的原因，我们才能对症下药，从而解除这一障碍。

我曾与许多教育专家探讨过这个问题，经过交流，大家一致认为，孩子会这样，家长有不可推卸的责任。

为什么这样说呢？一位家长的教育方式就很明显地说明了这一问题：

子豪是7年级的学生。有一天，他在家做作业，遇到了一个难解的数学题，于是子豪拿着作业本去问爸爸："爸爸，这道题怎么做？"

爸爸一看，是道一元二次方程题，于是，他按题意一步步写出了算式，每写一步，就解说一句，子豪听后"嗯"一声。等爸爸写完算式，子豪高高兴兴往本子上一抄，作业就完成了。

不可否认，这位家长的确帮助孩子解决了问题，但从长远来说，这种方式对发展孩子智力却没有好处。因为家长经常这样做，孩子必然就会依赖家长的答案，而不会自己去思考。而当孩子懒于思考时，他的大脑就停止了运转，思维力也就停滞不前了。

一般说来，一个人的智力结构包括 5 个要素：注意力、观察力、记忆力、思维力、想象力，而在这 5 个构成要素中，思维力是智力的核心，是考察一个人智力高低的主要标志。从某种意义上可以说，大脑思维的简单与复杂直接决定着一个人智力的高低，一个没有良好思维素质的人，他的智力开发水平也不会太高。

许多家长常常向我抱怨自己的孩子不够优秀，不如别的孩子。要我说，每一个孩子都可以成为优等生，但这个前提是，必须提高思维能力。当孩子的思维能力得到提高，与之相应的，智力水平也就上去了，这时成为优等生自然不在话下。

具体该怎么做呢？

（1）培养孩子独立思考的习惯

作为家长，要想让你的孩子取得好成绩，就必须在平时培养他独立思考问题的习惯。高明的家长，面对孩子的问题，往往会这样做：

女儿已经是初中生了，也许是我平时管得太多，女儿一般碰到什么事，就会习惯性地问："妈妈，这怎么办？"当时她还小，我总是耐心地讲给她听，现在我发现这是一个很严重的问题，当她碰到相对难的问题时，她总是说"我不会"，一定要我告诉她该怎么做。女儿这种不爱思考的习惯在学理科课程时更显出她的弱点，许多题一旦我不提示，她就做不出来。

最后，我改变了这种教育方法，我告诉女儿，从现在开始，什么事无论有多难，都要自己思考去解决，不要马上就问，实在无法自我解决的情况下，再向我请教。当孩子经过思考仍无法解决，再来请教我时，我也不会像以前一样直接告诉她答案，而是启发她。比如做数学题，我采用反问法，启发孩子思考，让孩子自己回答，让问题逐渐向结果靠近，直至最后孩子自己豁然开朗，明白了解法，并且能够自己列出算式。

可以说，这位妈妈后来采取的教育方式——让孩子独立思考问题，非常棒。**孩子自己独立思考问题，就会明白问题的答案是如何得来的，这样也就掌握了相应的知识点。更重要的是，孩子独立思考问题的过程，实际上也是培养思维力的过程，道理很简单，因为他在思考，就说明他的大脑一直在运转。**

教育专家告诉我们，孩子是教不会的，只有孩子自己感悟到的东西，才能被他真正占有。教的真正意义，是启发孩子自己去感悟，自己去思考，而不是告诉孩子什么正确的结论。悟性是在思考中生长的，"不懂就问"的人，太依赖别人的脑子，也不可能成为优秀者。

所以，我要告诉家长，对孩子不要"一问就答"，给孩子过"多"的辅导，这样包办了孩子的思考，孩子动脑筋的机会就减少了。此外，也不要给孩子过"透"的辅导，如果你的讲解太细，孩子就不用再动脑了。长此以往，就会让孩子产生思考依赖，什么事情都不爱动脑筋了。家长们应该鼓励孩子自己多思考，尽可能自己的问题自己解决，这样做才是对孩子最大的帮助。

（2） 激疑法——让孩子经常处在问题情景中

作为家长，要想使孩子的思维积极活动起来，最有效的办法就是让孩子经常处在问题情景之中。

为什么这种方法很有效呢？

这是因为：思维是从问题的提出开始的，接着便是一个问题的解决过程，问题的解决过程就是一个逻辑思维的训练过程。**经常面对问题，大脑就会积极活动，从而有效地训练逻辑思维能力。**

在这一点上，我的一位同事的做法值得家长借鉴：

每次临近下课前，他都会问学生："有没有问题？如果没有，这堂课就结束了。"其实，他这样做是故意诱使学生深思，一旦学生提出问题，他就会露出高兴的表情，赞扬说："问得好，你很聪明。"

渐渐地，学生对寻找问题产生了浓厚的兴趣，大家特别爱上他的课，而且思维水平有了长足的进步。

为什么这位老师这样做，就能使孩子的思维水平有了长足的进步呢？他这样做目的很简单，就是鼓励孩子多问问题，当有了问题并需要解决问题时，孩子的思维就能活动起来，这样，思维力也就在解决问题的过程中发展起来了。

家长们也可以借鉴这位老师的方法。具体而言，你可以这样做：

◇ 当孩子爱提各种各样问题的时候，你要跟孩子一起讨论、解释这些问题。如果遇到你自己不懂的问题，那么你可以引导孩子通过请教他人、查阅资料、反复思考等方式获得圆满答案，这个过程最能提高孩子的思维能力；

◇ 如果你的孩子不喜欢问问题，那么你可以采用激疑法，让孩子经常处在问题情景中。例如你可以在生活中经常对孩子提出一些问题，或者针对一个问题进行讨论，这些做法，对发展孩子思维很有好处。

名师点睛 ▶▶▶

　　如果孩子的思维力不够高，成绩自然也不会突出，这样理所当然会厌学，而要想使孩子变厌学为乐学，就得提高孩子的思维力。如何提高，有以下两种方法：

　　1. 培养孩子独立思考的习惯。让孩子独立思考，自己的问题自己解决，大脑运转的次数多了，孩子的思维力也就提升了。

　　2. 激疑法——让孩子经常处在问题情景中。当有了问题和需要解决问题时，孩子的思维就能活动起来，这样，思维力也就在解决问题的过程中发展起来了。

6 提高孩子的注意力

在智力水平相当的条件下，注意力的状态往往就决定了学习效率。

+-+ ❈

经常听到一些同事抱怨："这些孩子，都升上初中了，小时候的坏毛病还是没有改掉。上课注意力依然不够专注，不专心听讲，爱走神，讲悄悄话，小动作特别多。在课堂上，还得像小学老师那样提醒他们'注意听讲'。"

与此不谋而合，家长们更是拿这些初中生没办法。据调查，孩子注意力不够专注，是使许多父母头痛的问题。曾有一位家长这样对我说：

我家孩子常常心不在焉的，很少能安静下来认真做一件事。就拿做作业来说吧，总是顾左右而言他，一会儿吃点儿东西，一会儿上趟厕所，一会儿逗逗小狗，磨磨蹭蹭半天也写不完。我给孩子讲道理、摆事实，可是无论怎么做，孩子依旧我行我素地"溜号"，屡教不改。

还有的家长很着急："孩子是不是得了多动症，这该如何是好？"

其实，正常来说，注意力不够专注，易分心，是所有孩子的共性，家长大可不必操之过急。但话又说回来，即使孩子注意力难以集中是很正常的现象，家长也不能放任不管，任其发展，而是一定要管起来。

我曾在上课的时候留心观察过教室里各个孩子的表现，发现不同的孩子在课堂学习中的注意力状态差别很大。有的全神贯注，聚精会神；有的东张西望，心猿意马。有的精神振奋，对老师的提问一呼即应；有的神情焦灼，对老师的讲解听而不闻。如果再看一下他们的学习成绩，就会发现，那些在课堂学习中注意力集中的孩子，学习成绩都很优异，而那些注意力涣散的同学，学习成绩都比较差。

为什么注意力的状态对学习效率有决定性的影响呢？原来，人在清醒的时候，每一瞬间都在注意着一种或几种外界事物，在大脑皮层中形成一个优势兴奋中心，大脑皮层的其他部位处于被抑制状态。这样，被注意的事物就能够及时、清晰地被反映，在大脑中留下深刻的印象。兴奋中心的强度越大，其他部位的抑制就越深。所以，只有当注意力集中于学习的时候，大脑皮层才会对学习发生兴奋，才能深刻理解学习内容，牢固记住所学知识。反之，**学习时心不在焉，学习内容就不能在大脑中得到清晰的反映，对知识的理解就不深透，记忆不牢固。**

关于"注意"，俄罗斯教育家乌申斯基给出了一个精辟的定论："注意"是我们心灵的唯一门户，意识中的一切，必然要经过它才能进来。

那么，家长应采取何种方式方法来提高孩子的注意力水平呢？以下几种方法可供借鉴。

（1）不干扰孩子做他喜欢做的事情

怎么才能帮助孩子养成专注做事的良好习惯呢？我有一个很好的建议，就是不干扰孩子做他喜欢做的事情。

一般情况下，孩子对感兴趣的事物注意力比较容易集中，能持续的时间也长一些。如果家长们在平时能够仔细观察，就会发现孩子在使用电脑、看电视，或是动手改装玩具、做小手工等他们感兴趣的事情的时候，能够专心致志，往往是一两个小时过去了，他们还玩得不亦乐乎，觉得只玩了一小会儿。

现在，我们就可以根据注意的定义来分析了，就拿动手改装玩具来说，孩子连续几个小时改装玩具，在这个过程中，他的整个心理活动都持续集中在玩具上，没有被外界环境所干扰。那么，我们就可以这样说，当孩子沉浸于改装玩具时，他的注意力也被无意识地培养起来了。

因此，如果我们在平时能够不干扰孩子做他喜欢做的事情，让孩子有意识地把这种集中注意力的状态和心理过程迁移到其他事情上，例如学习，效果会不会很好呢？我们来听听一位家长是怎么说的：

我家孩子有一个嗜好，平时喜欢观察小动物，每天放学回家，第一件事就是趴在鱼缸面前，目不转睛地盯着里面的几条金鱼看，而且一看就是一两个小时。每次孩子这样做，我都不会去打扰他，而当他做完这项"工作"之后，我会跟他说："你能这么专注地做好一件事情呀！"有时候，我还会及时和孩子分享他的感受："观察了这么久，有没有什么新的发现呢，可不可以跟我说说？""当然有了，我发现……"

我惊奇地发现，当孩子每天做好观察金鱼这项工作之后，再去做作业的话，效率就会非常高。

不妨试想一下，如果这位家长打断孩子观察金鱼的乐趣，或者孩子一放学就让孩子做作业，孩子做作业的效率会高吗？当然不会。中途干扰孩子观察金鱼，就会打断孩子注意力的形成；让孩子立刻写作业，孩子在写的过程中就会分心，因为心里挂念着金鱼。

因此，当孩子专注于做他喜欢做的事情而忘了别的事，家长切忌不要干扰孩子，而是要耐心地等他把工作完成。要知道，孩子沉浸于他的兴趣的同时，就是在无意中培养自己的注意力。家长应该做的是，在孩子做完他的"工作"之后，给予孩子鼓励："你能这么专注地做好一件事呀！"并及时和孩子分享他的感受。

（2）一步一步引导孩子

一位家长是这样引导孩子"消灭"注意力不够专注这个坏习惯的：

孩子在做作业的时候，总是频繁上厕所，一个小时之内要去好几趟。有一次，我告诉孩子："我数过了，你在这一个小时之内去了 5 趟厕所，下次能不能少点儿呢？"下一次，孩子果真减少了去厕所的次数。于是，我又对孩子说："这次你只去了 3 次厕所，有进步，我很高兴，那下一次是不是可以再减少一些？"到最后，孩子一小时只去一次厕所，有时候一次也不去。

凡事都有个循序渐进的过程，没有谁能一步登天达成目标，连家长都做不到的事，更何况是孩子呢？所以，对待注意力不够专注的孩子，家长急不得，不要一下子就要求孩子改掉这个坏习惯。这一阶段的孩子，正是自控能力逐渐增强的时候，因此，家长只需要稍作引导，孩子就会主动去"消灭"这个坏习惯。

✎ 名师点睛 ▶▶▶

从某种程度上来讲，注意力不够专注的孩子，其学习成绩也会不理想，为此，要想孩子取得好成绩，提高注意力尤为关键。家长应采取何种方法来提高孩子的注意力呢？可以借鉴以下的方法：

1. 不干扰孩子做他喜欢做的事情。如果家长在平时能够不干扰孩子做他喜欢做的事情，那么孩子自然会把这种集中注意力的状态和心理过程迁移到其他的事情上，比如学习。

2. 一步一步引导孩子。初中阶段的孩子正是自控能力逐渐增强的时候，家长在稍作引导的同时，还要给孩子一些改变的时间。

7 锻造孩子的意志力

在中国深厚的文化中，有这样一个广为人知的故事——愚公移山，故事告诉我们只要有毅力就能取得成功，并深刻说明了意志力强弱对孩子成功与否的巨大影响。

我的一位邻居曾经十分懊恼地跟我说起自己上 9 年级的儿子：

我家孩子，什么都好，就是有一点：干什么事情都没长性，"三天打鱼两天晒网"。一会儿想要学好数学，用功一阵子不见长进，他就开始泄气，不愿意努力了；一会儿说要晨练，折腾两天新鲜劲儿过了，他便赖在床上不动了……孩子这样的性子，以后能成什么大器！

不得不说，这位邻居的担心非常有必要。初中阶段，正是孩子好习惯养成与坏习惯纠正的关键期。在这个时期，家长若是不能帮助孩子纠正这些不良的习惯，那么这些不良的习惯可能就会影响孩子的一生。意志不坚定，就是对孩子影响最大的一个不良习惯。

在实际教学过程中，我发现很多孩子都有这个毛病。

他们常常会懊恼地跟我说：

"老师，我只要再坚持一段时间，就能成功，取得不错的成绩了，可是，我就是没能坚持下来。"

"老师，我真后悔，当时我怎么就没再坚持一下，如果我能坚持，我想这次比赛的第一名就是我的了！"

每当听到孩子们这样的话，我都会无奈地告诉他们："这个世界上并没有卖后悔药的，想要成功，就先要磨练自己的意志。只有坚持下来，才可能取得成功。"

面对我的说法，孩子们常常也是一脸挫败："唉！老师，我们就是因为意志力不坚强才吃了亏啊，你有没有什么办法，可以帮助我们加强意志力呢？"

其实，**孩子能够认识到自己吃亏是吃在意志力不坚定上，就表明孩子有改变自身现状的意愿，孩子一旦有这种意愿，那么想要培养其意志力就不难了。**

的确，初中阶段的孩子，已经具有很强的自我表现意识，他们也想像别人一样赢得成功、赢得别人的瞩目。然而意志力不坚强，常常害得他不能得偿所愿，他们对此也是深恶痛绝的，但却苦于找不到合适的方法纠正自己这个毛病，而为之深深苦恼。

明白了初中阶段孩子这些心理特征，家长就要在家庭教育中推孩子一把。孩子不知道如何改变，家长就帮助他改变。

相信在家长的有意为之的帮助之下，孩子的意志力就能够得到不错的锻造。

（1）让孩子接受一些挫折教育

在一次集体野营时，有这样一些孩子给我留下了很深的印象：

他们做事常常依赖别人，他们遇到一点儿困难就会退到别人的身后，总是不能独立完成一项任务。

在教学过程中我也发现，这样的孩子无一例外，意志力都很薄弱。

为什么习惯依赖别人的孩子，意志力会薄弱呢？这还要从中国家庭的传统教育方式说起。中国家庭教育最大的一个弊端就是溺爱，并且这种溺爱，并不会随着孩子的成长而消退，反而是在每个阶段都有着不同的表现形式。就拿上述孩子的家长来说，在和这些家长接触的过程中，家长们几乎都向我传达这样一个观点：孩子上初中了，学习压力越来越大，我们不帮着他分担一些琐事，孩子怎么忙得过来？

正是在这样的思想的影响下，这些家长总是时时处处给孩子提供便利，什么事情都不用孩子动手，孩子的主要任务就是学习。

结果，孩子的成绩可能是上去了，但是他们的意志力却在无形之中慢慢弱化。家长的"爱"，恰恰成了孩子成长道路上的"害"。

面对我的这种说法，家长们总是觉得委屈："我们这样做可是为了孩子好，怎么可能还害了孩子呢？"

家长可以想一想，当你们把孩子将要面临的困难和挫折全部扫平，孩子顺风顺水惯了，一旦他自己面对困境时会怎么样？

我想这个结果不用我说，大家也能猜得到。不错，孩子会手足无措，会感到压力。没有任何应对挫折经验的孩子，这个时候选择逃避，也就在情理之中了。

所以，作为初中阶段孩子的家长，当你的教育方式还停留在传统的"溺爱"时，我不得不告诉你，这种方式对还孩子的成长没有半点益处，只能让孩子越来越软弱。**想要孩子意志坚强，就要从转变对孩子的教育方式做起，让孩子接受一些挫折教育，增强孩子独立面对挫折的能力。**

对此，一位 7 年级的学生家长是这样做的：

儿子上小学的时候，成绩一直都很棒，经常是年级前几名。可是升入初中之后，儿子总是垂头丧气的，做事无精打采。跟孩子的老师一沟通我才知道，孩子升入初中之后的学习状况并不理想。在小学时，儿子的作文经常被当成范文在班上读，而现在他的作文却常常只有中等水平。不仅如此，儿子以前的数学本上总是挂着红红的"优"，可现在却换上了惹眼的红叉，一直顺风顺水的儿子，面对这样的打击，明显地接受不了，精神状态也就不好了。

看到儿子整天这个样子，我也是暗暗着急。这可怎么办呢？

无奈之下，我给儿子写了一封信："儿子，爸爸知道你想要保持优秀，你有这份上进心，爸爸很欣慰。但学习就跟下棋一样，你的棋艺好，也并非天下第一，难免会有输棋的时候，不可能总是赢。同样，你以前学习好，但是碰到更高的棋手，也难免会败下阵来。想要赢棋，就先要提高自己的水平。爸爸相信，只要你用心了，就一定能成为一个出色的'棋手'……"

信写好之后，我放到了儿子的书桌上。第二天，儿子去上学后，我发现儿子的书桌上有一封回信："爸爸，谢谢你能够支持我，鼓励我，我会学着坚强，做一个勇敢的男子汉。"

从那以后，每当看到儿子精神不振，我都会给儿子写一封信鼓励他。现在，我的儿子已经比以前坚强了许多。

苦于不知道如何锻造孩子意志力的家长，不妨向上述家长学学，经常跟孩子做一些交流，帮助孩子认清自己的实力，为孩子分析清楚他所处的形势。当然，家长在这样做的时候，一定要注意自己的语气态度，是关心孩子、爱孩子的，若是因为家长的语气态度不当，让孩子受到更大刺激，就有些得不偿失了。

此外，在日常生活中，家长还可以尝试对孩子进行这样一些挫折教育：比如，让孩子自己独立过一个周末，解决自己的吃饭问题；比如，让孩子自己进行一次旅行，独立解决旅行中遇到的困难……

当孩子能够独立面对挫折的时候，他们的意志力就能够变得坚强，也就能够更加地接近成功了。

（2）教孩子学会权衡利弊

谈起对孩子意志力的培养，我经常会给家长们提出这样一个建议：**让你的孩子看到坚持的利与放弃的弊。当孩子懂得权衡利弊之后，就能很好地坚持下来。**

听到我这样说，很多家长觉得让孩子去权衡利弊，有些不大可能。在他们看来，初中阶段的孩子还没有很强的趋利避害的能力。

其实，家长真要这么想，就错了。初中阶段的孩子，思维能力已经得到了极大的发展，已经具备独立思考问题的能力，他们不仅能够分清事情的轻重，也能权衡事情的利弊。打个比方，家长总是对孩子说参加体育锻炼好，但孩子可能坚持不了两天就放弃了。原因何在呢？因为他没有看到体育锻炼有什么好，在他看来，参加体育锻炼的那点儿时间，还不如睡会儿觉，或者多玩儿一会儿来得实际。

这就是一个孩子权衡利弊很好的例子。只不过，在这个例子里，孩子对利弊的认识不够深刻而已。也就是说孩子在趋利避害的时候，目光太过短浅，只看到了短期的利弊，而没有看到长期的利弊。

作为初中生家长，告诉孩子怎样权衡坚持的"利"与放弃的"弊"，对于培养孩子的意志力来说也是一种非常不错的方法。

我所熟识的一位教师是这样做的：

当我发现儿子军军意志力非常薄弱时，我觉得有必要给他上一堂课。这堂课的名字就是：坚持。当然，作为一名资深教师，我知道干巴巴地给孩子讲多少道理，都不如实际给孩子做出榜样来的实在。

于是，我决定从自身做起，给孩子上好这一课。我是一个烟民，一直想要戒烟却没有付诸行动，借着给孩子做典范的机会，我决定把烟戒掉。当我跟儿子说，我要戒烟时，儿子一脸的不相信："爸爸你别白费力气了，你是戒不掉烟的。"

我立刻应声道："那军军敢不敢跟爸爸打个赌？"

儿子疑惑地看着我："打什么赌？"

我说："爸爸要是能把烟戒掉，从今以后，你要是碰到什么事情坚持不下去，也要向爸爸学习。"儿子根本就不相信我能把烟戒掉，当下痛快地答应道："好，爸爸要是真能把烟戒掉，我就向爸爸学习。"

在接下来的日子里，我准备了一张纸，在上面画好 4 个格子，以便填写短期和长期的损失和收获。当想要吸烟时，我就会在"短期损失"里填上："我一开始感到很难过，但这只是暂时的。"而在

"短期收获"里填上："我可以省下一笔钱，以后，会省下更多。"底下两格填上"长期收获"——"我的身体将变得更健康"和"长期损失"——"我将放弃一种排忧解闷的方法"。通过这样的仔细比较，聚集起戒烟意志力就更容易了，而我也真的戒掉了烟。

当然，在这个过程中，一项更重要的收获就是儿子从我身上学到了权衡利弊的方法，知道了坚持的好处与放弃的弊端，并且渐渐地应用到了自己身上去。

对这位家长的用心良苦感叹的同时，他的这种权衡利弊督促自己坚持下来的方法，也很值得各位家长借鉴。当孩子不能坚持、意志薄弱的时候，家长不妨也给他准备一张纸，在纸上写上坚持的"利"与放弃的"弊"，让孩子一目了然地看清楚利弊。让他知道坚持下去，他将能收获什么，这样孩子也就能够慢慢坚持下去了。

名师点睛 ▶▶▶

意志力强"水滴石穿"，意志力弱"朽木不折"。正是基于这一点考虑，我常常会对初中生家长这样说："初中阶段锻造孩子的意志力势在必行。"家长可以借鉴以下两种方法：

1. 让孩子接受一些挫折教育。孩子能独自面对的挫折越多，他的意志力越强。

2. 教孩子学会权衡利弊。当孩子懂得权衡利弊之后，就能很好地坚持下来了。

8 给孩子的记忆力"补钙"

孩子的大脑仓库容量大小与随时提取的状况，也就是记忆力，在相当的程度上制约着孩子的学习成绩。

生活中，我们常常会见到这样的亲子教育场景：

当孩子考试成绩不佳时，不少家长拿着那惨不忍睹的试卷，指着孩子的鼻子大声呵斥："跟你说过多少遍了，要好好背书，可你就是不背，背了也不专心，结果怎么样，就是这种下场。"

听到父母这样的指责，很多孩子都会大喊冤枉，并为自己辩解，说背了。

这到底是怎么回事呢？事实上，孩子真的被父母"冤枉"了。他们不是没有背书，也不是没有专心地背，他们之所以成绩不佳，关键是记忆力在作怪。换句话说，他们已经背了，而且背了不止一遍，可由于记忆力差，没有把所背的内容记下来，因此考试的时候就答不出来，考试成绩也就可想而知。

在和孩子家长交流的时候，不少家长就曾向我反映：

"孩子聪明活泼，可就是学习成绩一般，主要表现在记忆力差上，学过的东西很快就忘，怎么记都记不住。"

"很多要背的内容，如诗词、英语单词、数学公式等，孩子就是记不住，真恨不得他能多长两个脑袋。"

"我家孩子好像什么都记不住，往往是今天记住了，可睡一觉就忘得一干二净了。"

"别的孩子记性好，我家孩子就差远了，才学过的东西都记不住，要不就是平时记得好好的，一到考试就忘了，考完才发现以前学过。"

"学习、考试，记忆力最关键！学过的东西都记不住，考重点、上名校那不成白日梦了吗？"

其实，遇到这种记忆有"漏洞"的现象，不单是家长会束手无策，连孩子自己也会感到茫然。

在平时的教学过程中，常常有孩子跑来问我：

"其他同学背课文，一下子背下来了，我读了好多遍，却总也记不住。"

"老师前两天讲的计算题，我现在就都忘了，是不是我真的很笨？"

各位家长，当你的孩子怀疑自己的脑子，认为自己记忆力不如别人时，你会怎么做呢？如果我是你，我会停止对孩子的抱怨，也不会责怪孩子不上进，而是找方法，给孩子的记忆能力"补钙"。

为什么要这样做呢？科学家经过科学研究，早有定论：一个人的记忆力并非天生，完全可以通过训练来提高。

人的记忆能力之所以存在差距，在很大程度上是由记忆方法的差距引起的。人们通常使用的记忆方法，多是运用了大脑左半球的一部分功能而已，右半球的功能只是偶尔被利用一下。人的记忆潜能从理论上来讲是无限的，只需锻炼有方。

（1）图示记忆法——将抽象的文字转变成形象的事物

有些家长经常埋怨孩子的记忆力不好，记不住课本知识，也找不出原因，于是就判定孩子太笨。果真如此吗？其实不然。记忆是有一定规律的，也是有一定窍门的。只要掌握了规律，找到了窍门，就能让孩子在知识的海洋里轻松地驾驭风帆，顺利地到达彼岸。

那这个窍门是什么呢？很简单，但效果却非常明显，**就是图示**

记忆法——将抽象的文字转变成形象的事物。

不妨先看下面几个问题：

看过的一篇文章，你可能很快就忘记了，但看过的一场电影，即使过了很多年仍能回想起来。

孩子看动画片津津有味，能从头到尾复述出来，但让他们背单词、公式和课文，总是很勉为其难，并很快就遗忘。

新到一个城市总要先买一张交通图。

到旅游景点游玩时先看导游图。

学习物理、化学、数学等学科总有一些示意图做辅助讲解说明的工具。

……

这是什么原因呢？这就是图示记忆法的优点所在。人的大脑，最容易记住直观的、形象的、对感官冲击大的事物。西方有这样一句谚语："千言万语不如一张图。"这无疑是对图示记忆效果的高度概括。

据心理学家研究，人对图像记得牢一些，对文字就记得差一些。为什么？原来我们的大脑分为左脑和右脑，左脑负责语言、逻辑思维，右脑负责形象思维。一般而言，右脑的记忆能力是左脑的100万倍，它可以把需要记忆的场景和事物以类似照相机拍照的方式转化为图像进行记忆，需要再现的时候，保存的图像就会自然浮现于大脑中。因此，记忆图像比记忆文字要快要牢。

家长们可以回忆一下在孩子幼儿时期，我们是如何教孩子识字的，其实大多数情况下采用的是看图识字法。比如，教孩子识"苹果"的时候，就指向苹果的图片，识"椅子"的时候，就指向椅子的图片。这比单纯教文字的"苹果""椅子"效果强多了，想想看是不是这样？

因此，从某种意义上可以说，孩子记忆力不好，很多知识常常记不住，往往是因为他们记的大多是抽象的文字，光靠左脑记忆。

反过来讲，如果把文字转化为图像，要记忆的内容就变得形象了，是用右脑在记，不但很容易记住，且十分清晰，不易遗忘。

一位 8 年级孩子的爸爸，在采用了这种方法后，惊喜地看到了孩子的巨大转变：

爸爸："儿子，你想不想把数学成绩提上去？"

儿子："当然了，谁不想啊！"

爸爸："爸爸今天在单位里向一位伯伯学到了一种好方法，不知道你愿不愿意尝试？"

儿子："什么好方法？"

爸爸："这种方法叫图示记忆法。就是说你在记忆数学公式的时候，可以将文字叙述用图示形式表示出来，这样做既便于理解，又便于记忆。"

儿子："好，我先试试看。"

过了一段时间，儿子拿着一张写着"85"分的试卷，高兴地对我说："爸爸，你教给我的那种方法真的很管用，你看，好多公式我都记住了。"

这位家长的做法实在值得诸位家长学习。在孩子记忆的时候（任何科目），教会他把抽象的文字转变为形象的事物，让他左、右脑并用，这样才能记住所学的东西。这就好比走路，不能只用一条腿，而是要两条腿同时行进，才能走得又快又稳。

（2）注重随时随地培养孩子的观察力

怎样培养孩子良好的记忆，让所学的知识牢牢地扎根在孩子的头脑中呢？我给家长们的建议是：**注重随时随地对孩子的观察能力进行培养。**

下面这位家长就给我们做出了很好的榜样：

如果带孩子去逛街，这位家长都会事先提出要求，让孩子记住行走的路线、方向，注意观察周围及拐弯处有什么特点，乘坐哪路公交车，返回时让他带路。

如果带孩子去的是公园，这位家长就会让孩子观察蝴蝶或蜻蜓的眼睛、嘴巴、翅膀，并叫他描绘一番。

……

总而言之，无论带孩子去做什么，这位家长都不放过让孩子随时随地观察的机会。

事例中的孩子是我曾经教过的一个学生，他的记忆能力特别好，用"过目不忘"来形容，一点儿也不为过。而他有这么强的记忆力，和家长的用心教育是分不开的。如果要对这位家长的教育方法做个总结，可以归纳为：多让孩子观察，在观察中记忆具体的形象事物。

也许有的家长会感到疑惑，为什么加强对孩子观察力的培养，就能提高记忆能力呢？这就不得不提观察与记忆的关系了。某种意义上，我们可以这样概括观察与记忆的关系：**观察是记忆的开始，也是记忆的基础，如果一个人的观察能力不强或不准，那么他的记忆能力也是比较弱的。**

按照记忆发生和保持时间的长短，人们将记忆分为瞬时记忆、短时记忆和长时记忆三类，而长时记忆又分为外显性记忆和内隐性记忆两种。

何谓外显性记忆？它指的是那些进入了人的意识系统的，可以用语言表达或描述出来的记忆内容，比如，经历过的事件、学习过的知识，等等。

何谓内隐性记忆？它是指那些人在无意识状态下形成的对一些动作或操作程序的记忆，比如，人对某种技巧的掌握、某种习惯的形成，等等。

这两种划分就提示我们，学习不仅可以是有意识地进行，同时还可以通过无意识的过程来增长记忆。事例中那位家长随时随地对孩子观察力进行培养的过程，实际上就是在将更多的记忆资料注入到孩子的内隐记忆中。

而由于内隐记忆是在无意识中进行，且只在需要的时候才转化成外显记忆，所以，内隐记忆能力强且信息量大的人总会给人一种过目不忘的感觉。例如：同是路过一条街道，有的人在无意识中就能把路两边的商店、单位名称记下来，这样在以后需要找某个地方的时候就能迅速找到。

从表面上看，这类人是过目不忘，但实际上这与观察力是分不开的。

事例中的孩子记忆力好，能做到"过目不忘"，道理同样如此。在家长的培养下，他在无意识中就形成了随时随地观察的习惯，而当需要的时候，这种内隐记忆就会转化成外显记忆。

我们可以打这样一个比方，**观察力好比是孩子摄取知识的大门，记忆则是储存知识的库房，只有先入门，才能在库房里面储存知识。因此，作为家长，一定要注重随时随地对孩子观察能力进行培养。**

孩子的记忆力并非天生，完全可以通过训练来提高，家长可以通过以下的方式来给孩子的记忆力"补钙"。

1. 图示记忆法——将抽象的文字转变成形象的事物。人的大脑，最容易记住直观的、形象的、对感官冲击大的事物，这就是图示记忆法的优点所在。

2. 随时随地培养孩子的观察力。观察是记忆的开始，也是记忆的基础，如果孩子的观察力不强或不准，那么他的记忆力也是较弱的。

第 四 章

初中 7–9 年级,快速提升孩子成绩的十大窍门

从教这么多年，来学校或是直接到家里找我的学生家长不计其数，他们与我交流的话题无一例外，全都围绕着孩子，而谈论得最多的话题无疑都是成绩。例如：

有的家长不明白："孩子小学时成绩一直都不错，可到了初中就滑坡了，这到底是怎么回事？"

有的家长问我："孩子马上就要中考了，可他的学习成绩一直都不理想，在这节骨眼上有没有捷径可走呢？"

还有的家长不理解："我专门给孩子请了家教，可他的成绩为什么没有一点儿起色呢？"

作为一名老师，也作为一位家长，我很理解家长们的心情，如何提高孩子的学习成绩，这是我们每一个做家长的关注重点，也是我们每一个做家长的倾力所在之处。那么，我们怎样才能有效提高孩子的成绩呢？有十大诀窍可以帮你实现这个愿望。

1 给孩子介绍科学的学习方法

到了初中，孩子的学习状况与小学相比出现了很大的差异，孩子仅仅是埋头苦学并不一定能取得好成绩，这时，家长不妨给孩子介绍一些科学的学习方法。

到了初中，家长不应该过多地介入到孩子的学习中去了，但也不可对孩子的学习情况一点都不关注。到了初中，孩子的学习状况与小学相比出现了很大的差异，孩子仅仅是埋头苦学并不一定能取得好成绩，这时，家长不妨给孩子介绍一些科学的学习方法。

一位家长是这样教孩子学习的：

李晓是个很懂事的孩子，小学时，她从来没让父母为她的学习操过心，每天放学回家就会主动写作业，学习成绩一直都是名列前茅。但上了初中之后，情况就有所不同了，她开始觉得老师所讲的内容有点儿难了，学习成绩也一直呈下降状态。

一次测验之后，李晓的成绩很差，她的情绪沮丧极了，这时爸爸对她说："爸爸刚考上初中的时候，在学习方面也感觉很吃力，但那个时候我遇到了一位高人，高人教了我一个有效的学习方法。从那以后，我的学习就进入了状态。"

"什么高人呀？也介绍给我认识吧！"李晓有点儿兴奋地说。

"只可惜那位高人现在不在了，不过我可以把那个有效的学习方法传授给你。"爸爸神秘地说。

"爸爸，你就别卖关子了，快点儿说吧！"李晓有点儿着急了。

"这个学习方法叫做'过电影'，也就是每天在睡觉之前，躺在被窝里回忆、思考当天学过的内容，想想当天学了些什么，哪些懂了，哪些还没弄懂。然后起床翻书看一下不懂的部分，看完书后闭上眼睛回想，归纳一下要点，以加深记忆。这样，当天学过的知识，就在这种'过电影'中消化了、记住了。"

李晓觉得爸爸的这个方法很有道理，便迫不及待地去尝试了。没想到试用了还不到一周，她便收到了成效，她觉得学习不再像以前那样吃力了。

这个方法之所以有效，是因为它里面有很强的科学性：每天晚上睡觉前，躺在床上像放电影一样，把一天所学的知识在大脑里过一遍，就等于是把所学的知识做了个总结，并根据知识之间的联系，把所学的知识都串起来。这其实是一个把知识系统化、条理化的过程。在这一过程中，孩子对知识的记忆也加深了，等于把所学的知识又复习了一遍，所以学习的效果会很好。

其实，每一位家长都是孩子的"高人"，在孩子小的时候，他们学不会知识时，家长可以手把手地教他们；当孩子上了初中之后，家长不可能再像小学时那样教孩子，但家长们可以在大的方向上给予孩子指导——教给孩子一些有效的学习方法。这样在"高人"的陪伴下，孩子在学业上才能一点点走向成功。

（1）课前预习——让孩子每时每刻都领先一步

一位家长曾向我描述孩子在学习中遇到的问题：

孩子每天都在认真学习，但总感觉学起来比较吃力。他老觉得所有的老师都讲得太快，自己跟不上，一节课下来，常有筋疲力尽的感觉，而且回忆起这一节课所学的内容，脑海中竟是一片空白。在课后孩子还花了许多时间去补习，但还是难以见效。

其实，这是大多数孩子都会遇到的问题。我们大家都知道，初中一节课所学的知识比小学要多很多，在听课之前，由于对所学知识缺乏理解，再加上孩子的注意力是有限的，很难保证一节课45分钟精力始终保持高度集中。因此，听完一节课之后，孩子难免就很容易产生如坠云雾，不知老师所云的情况。

事实上，出现这一普遍现象，最关键的原因是孩子在学习上缺少了一个重要环节——课前预习。**缺少了预习，就会听课被动，"只有招架之功"，即使课后花大量时间去弥补，也往往无济于事。**

曾有一项调查显示：经常预习的孩子数学平均成绩要高于不做预习的孩子，而且差异是显著的。我也曾对班上的孩子做过调查，结果发现学习成绩相对优秀的孩子，绝大多数都有事先预习的习惯，而学习成绩较差的孩子则往往忽视了这一环节。

在平时的教学过程中，我还发现这样一个现象：长期坚持预习的孩子，他们的阅读速度快，思维敏捷，并善于运用分析综合、归纳演绎、抽象概括及分类比较的方法，他们总是能够发现问题和抓住问题的本质，看问题比一般同学要深刻很多。

我曾教过的一个孩子，在课前，就能对课文的各段大意加以概括，对文章的层次、线索也分析得头头是道，有时候还对名家作品提出自己独到的见解。当被问及有何高招时，他坦言这完全得益于长期坚持预习，是预习为他的独立阅读和思考提供了一个实践的机会。

日本学习方法研究会会长石川勤先生曾说："事先做好预习，课堂学习就会充满活力，学习不再是别人的事，自己就会变成课堂的主人。"

事实的确如此。**预习就好像赛跑时的枪声，在赛跑规则中不允许抢跑，但是在学习中却没有这一规定，不但允许抢跑，而且还鼓励抢跑。如果能在一开始就"抢跑"领先，争取了主动，当然就容易取胜了。**

因此，要想有效地提高孩子的学习效率和成绩，家长就有必要把课前预习这种科学的方法介绍给孩子。而且，预习不是一件很困难的事，只需要拿出 5 分钟就能够做好一门学科的预习，按照孩子每天学 6 门课程算，孩子只需要一天拿出 30 分钟左右的时间就可以解决问题，但是这 30 分钟为孩子带来的积极影响却是不可估量的。

（2）课后复习——让知识在孩子的头脑里扎根

"你的孩子每天都会做课后复习这门功课吗？"我不知这样问过我的学生家长多少次，但让我失望的是，绝大部分的家长听到这个问题之后的反应都是摇头。

对此，许多家长有自己独特的看法：孩子平时的做作业就等于复习了，所以根本没有必要再拿出时间来专门复习。

的确，从某种意义上说，孩子做作业就等于在复习知识，但这种观点却存在着很大的误区：作业并不能涉及到上课时老师所讲到的全部内容。如果孩子把做作业等同于复习，那么就会遗漏掉许多知识点，长此以往，孩子就会变得"负债累累"，这样的学习几乎等同于"狗熊掰玉米"。

事实上，学与习本来就是学习的两个过程。**小学时，孩子学而不习，或很少复习，成绩也还过得去。而升入初中后，则是习重于学，如果只学不习，学过的东西很快就会遗忘。**

在平时的教学过程中，常有孩子这样问我："老师，很多学过的东西我很快就忘记了，是不是由于我脑子太笨的缘故？"其实，并不是因为这些孩子脑子笨，实际上，遗忘这种现象很正常，头脑再聪明的人，也不可能做到不遗忘。德国心理学家艾宾浩斯有个著名的"记忆遗忘曲线"理论，大意是说：遗忘在学习之后立即开始，而且遗忘的进程并不均匀，最初遗忘速度很快，以后逐渐缓慢，遗忘几率最高时发生在识记后的 48 小时之内。

根据这个遗忘规律我们可以得出一个结论：**对于学过的知识，只有做到及时复习，使记忆的痕迹在遗忘发生之前就得到强化，不断重复这样的动作，知识就会牢固地储存在大脑中。**

课后复习是一种自觉性的行为，它不像作业那样，做不完就要受老师的惩罚，因为没有衡量标准也无人检查，所以大多数的孩子都会忽略这一环节。而往往就是这一环节，便造成了孩子们之间的成绩差异。

"平时教学是栽活一棵树，复习过程是育好一片林。"希望这句话能给您一些启示。

孩子进入初中后，如果家长能给他介绍科学的学习方法，那么孩子在学业之路上才能走得更顺畅。具体有哪些科学方法呢？

1. 课前预习。在孩子学习的过程中，仅仅通过老师传授这一个渠道来获取知识是远远不够的，只有在预习的过程中逐渐形成自学能力，才能使头脑迅速充实起来。

2. 课后复习。孩子放学后"趁热打铁"，把当天所学的知识复习一遍，然后再去做作业，就等于及时复习了两遍白天所学习的内容，这样坚持一段时间，用不了多久，孩子的学习成绩就会有明显的提高。

2 帮助孩子利用好课堂 45 分钟

对于初中孩子来说，课堂学习是他们学习的最主要环节，45 分钟课堂学习效益的高低，在某种程度上决定着孩子学习成绩的好坏。

曾有很多孩子向我抱怨学习时间太少，从而导致成绩总是不能提高。对此，我给出的答案是：成绩上不去的原因并不是学习时间太少，而是没有利用好最佳的学习时间。

我教过的学生不少，有的担任学生干部，平常要忙很多学习以外的事情，业余时间还要练琴，或是参加各种各样的活动。但是，尽管这些事情占据了他们很多的时间，他们的成绩在班上依然是拔尖的。而有的孩子，恨不得把一天 24 小时当成 48 小时来用，这些时间，除了吃饭睡觉，都被他们拿来学习了。而且，在学校上课还不够，他们还请家教，或者参加课外辅导。奇怪的是，尽管付出了巨大的努力，这些孩子的成绩依然在原地打转。

为什么会出现这种似乎付出与回报不成正比的奇怪现象呢？其实不然，成绩高低的关键依然在于是否把握住了最有效的学习时间。那么，什么时间才是最有效的学习时间、最佳的学习时间呢？很简单，就是课堂那宝贵的 45 分钟时间。

换句话说也就是，成绩的提升或下降，名次的先后，皆取决于课堂时间的利用情况。

为什么这么说呢？这是有其科学依据的。

很多教育专家都把中学阶段称为人生的黄金时代，而掐指算来，这种黄金时代的大部分宝贵时间恰恰是在教室里度过的。我们不妨来算一下，一年 12 个月，大约有 9 个月在上课，每个学期要上 600 多节课，一年要上 1000 多节课。因此，如果孩子不把课堂学习作为学习的中心环节，那无异于捡了芝麻丢了西瓜。

从教师方面来看，每一堂课也浓缩了一个受过专门师范教育的教师的"知识点精华""考点精华"，以及"人生精华"。可以说，在教师的指导下，孩子走的是一条最便捷的认知道路，很可能课堂上溜号的 5 分钟，课下半小时也补不回来……

我的一位留学归来的博士朋友，在谈到他的中小学生活时曾说："我不主张孩子刻苦学习，只要抓好课堂上的 45 分钟，每个人都能成才。"

我曾教过的一个品学兼优的学生，在谈到他的学习经验时曾总结道："中学时代，在课堂上听老师讲课是一天学习的主要内容，因此，听好每一堂课是十分重要的。如果轻视上课听讲，那就要在课下浪费更多的时间，长期累积下来，就是跑步前进也赶不上老师的讲课进度。"

因此，家长应该让孩子抓住课堂学习时间，**把每一节课的 45 分钟都充分利用起来，那么学习效率就能成倍地提高，从而产生惊人的学习力。**

那么，作为家长，该如何帮助孩子充分利用好这短短的 45 分钟呢？答案是：学会听课。听课的质量，直接影响学习的质量。关于如何做才是真正的"学会听课"，有以下几个秘诀或者说是细节可供家长参考。

（1）绝不开小差，紧跟老师思路

有人做过这样的实验：被实验者在注意力高度集中时背课文，只需要读 9 遍就能记下课文内容；而同样的课文，在注意力涣散时，竟然读了 100 遍才记住。

事实的确如此。我也曾把成绩好的孩子与成绩差的孩子做过比较，发现他们之间明显的差别之一就是：注意力是否集中。

学习成绩好的孩子，能在课堂上集中精力听课。他们在学习时很少受外界干扰，即使有的时候课堂内容不太生动，他们也能够自我约束，有意识地组织注意力，不让自己的思想开小差。

而那些学习成绩较差的孩子则恰恰相反，上课开始几分钟之后，他们才能够平静下来。特别是在课间 10 分钟期间因某些事情过于兴奋或做过剧烈运动的孩子，常常是上课后坐在座位上还气喘吁吁，老师讲了半天，他们还未进入角色，一堂课的前几分钟就这样耽误了。平静下来没多久，他们的注意力就开始涣散了，要么做诸如抠耳朵、挖鼻孔、抓头发之类的小动作，要么与同学交头接耳，传纸条，逗闹一下，有的孩子甚至打起了瞌睡。快接近下课时，他们就开始坐立不安了，脑袋不停地向四周晃动，心思早就飞到了教室外面。

宝贵的时间就这样被白白浪费掉，长此以往怎么会不影响学习成绩呢？正如宋代大学问家朱熹所说："人做功课，若不专一，东看西看，则此心先已散漫了，如何看得出道理？"

一节课的课堂容量比较大，要想在课堂上注意力始终保持集中，做到专心听课是不容易的。但初中学生，已经不再是凡事需要老师提醒的小学生了，这时候，就一定要充分利用好自己的自制力，强制自己思想集中，避免小差。

要想做到这一点，最好最有效的办法就是：**紧跟老师的思路走。**

无论是哪一位老师，讲课都是有一定的思路的，紧跟老师的思路就能取得良好的听课效果。那么，听课时如何抓住老师的思路呢？

第一，根据课堂提问抓住老师的思路，积极举手回答问题。

课堂上经常出现老师讲学生听的现象，实际上，这种一方讲而另一方听的方法并不能实现课堂的高效学习效果。如果孩子只是一味地听老师讲课，而不与老师进行互动，就很难跟上老师的思路，那么就很容易精神涣散、走神。

对于此，我所提倡的方法是——让孩子打开紧闭的心门，勇敢地举手发言。只有这样，才能提高孩子的自信心，才能与老师形成互动。当孩子与老师的思路合拍的时候，孩子的听课效率自然很高。

第二，跟紧老师的推导过程。

老师在课堂上讲解某一内容时，一般都有一个推导过程，如数学公式的来龙去脉、物理概念的抽象归纳、语文课文的分析等。感悟和理解这些推导过程就是一个投入思维、感悟方法的过程。在这个过程中，孩子不仅会很轻松地记下结论，还能提高自己分析问题和运用知识的能力。

第三，不钻牛角尖，保证听课的连续性。

教学过程中，我经常发现：有的孩子在听课时遇到没听懂的问题，也就是出现了卡壳现象的时候，总是显得很急躁，一定要弄清楚，似乎不达目的誓不罢休。殊不知，老师并不会因为他在思考这个问题而停止讲课，等他从牛角尖中醒悟过来的时候，听课的连续性已被破坏，思路也就接不上了，而老师后面讲的问题他可能一个也没听全、没听懂，这势必影响了整个听课的效果。

我的一位学生就曾碰到过这方面的问题，在向我诉苦时他回忆道：

以前，我听课遇到不懂之处，总是急于马上弄懂。但是，当我还在继续思索这个没弄懂的问题时，老师却按教学进度继续往下讲了。因此下面的内容我就没有听进去，只得下课后自己去啃。这样常常事倍功半，甚至劳而无功。

因此，为了避免这种因小失大、顾此失彼现象的出现，家长可以这样告诉孩子："不要在课上死钻牛角尖，遇到疑难之处，可先冷静地思考一下，如果一时想不明白，就先作个记号，暂时放下，以免影响到后面的听课。有时，虽然一时没有听懂，但在继续听课的过程中，当老师从另一个角度讲解或返回补充时，马上就清楚了。

如果听完一节课，某些地方仍不明白，你这时可以请教老师或同学，直至明白为止。"

（2）老师强调的地方，往往是本节课的重点或难点

许多家长向我反映：孩子听课抓不到重点。要我说，这没什么困难的，只要孩子遵循一定的技巧，困难也就迎刃而解了。

当然了，一堂45分钟的课，不可能老师的每一句话都是重点，这就要求孩子集中注意力，做个有心人。要知道，孩子现在已经是一名初中生，老师天天耳提面命的时代已经过去，不再会不厌其烦地反复叮嘱："这句话是本节的重点，拿出红笔勾上。"

那么，如何才能抓住老师课堂讲授中的重点呢？通常情况下，老师反复强调或者是语气加重的地方，往往是本节课的重点或难点。

在教学过程中，老师经常会有一些提示用语，如"请注意""我再重复一遍""这个问题的关键是……"等等，就是所谓的重点，是孩子需要引起注意的地方。还有，如果某句话或某公式是该堂课的重点，那么老师的语气也会不自觉地加重，凸显出它的与众不同。

此外，除了注重老师反复强调或语气加重的地方，每堂课的结尾也是应特别关注的。结尾，是一节课的高度概括或总结，在下课前的几分钟，老师往往会把讲课或实验内容概括总结起来，或再次强调、点明重点和难点。

据我所知，许多孩子抓不到重点的原因，就在于忽略了每堂课的结尾部分。快下课时，他们就开始幻想下课后要做的事，什么抢占乒乓球台，抢占篮球场，或者是回家吃饭等，结果老师的概括或总结一点儿也没听进去。所以，家长一定要让孩子牢牢记住一点：临下课前的几分钟总结时间，最为关键。

（3）记笔记、听课，两不误

在我所接触的初中孩子中，知道记笔记重要性的不少，但会记笔记的却屈指可数。很多时候，课堂上常会发生这样一种现象：老

师在黑板上写，孩子就在下边抄。而当老师写完开始讲了，孩子还没有抄完，于是就只顾继续埋头抄笔记。一般来说，这些孩子的笔记做得非常认真，工工整整的，一字不漏，但结果却不理想，课堂效率不高。为什么？因为这些孩子完全充当了录音机的角色，虽然把老师讲的话全都记录了下来，做到了自己的记录与老师的讲述保持同步，但却忽视了最重要的一点：没有让自己的思路与老师保持同步。思路跟不上，笔记即使记得再完整，也没有任何意义。

其实，记笔记的方法没有统一的标准，但是从原则上讲还是有章可循的。对此，我有这样几个建议：

第一，把笔记记在课本上。

中学生的课本都比较大，旁边都留下了不少空白，这个空白的部分其实就是用来让学生上课做笔记的。而且最重要的是，把笔记记在课本上，要比记在专门的笔记本上好得多。边看课本内容边看笔记，二者相结合，既方便效率又高。

第二，要学会用自己的话记录。

记课堂笔记要讲究实用，不要逐字逐句地记下课堂上老师讲的内容，杜绝每字必记的习惯。如果孩子把老师说过的每一句话都记下来，过于求全，那么上课只做好了一件事——做笔记，而最重要的事——跟紧老师的思路听课，孩子却没时间做了。

因此，要想笔记做得巧，就需要孩子用自己的语言来记录。自己的话是自己主动思考的载体，代表自己的思想认识水平，用自己已有的知识积极地整合新知识，有利于强化记忆和形成迁移。日后，通过对笔记的复习，更能唤起孩子对讲课内容的再认知，巩固所学的内容，更好地体现笔记的价值。

当然了，对老师所讲的有关基本概念、定理、公式、论点、论据等方面的关键问题，记录则要准确无误，照原话直录。

第三，要学会快速简略地书写。

书写工整，常常是工作或学习中所需要的。然而，在记课堂笔记时并不要求太工整，提倡的是快速书写。一方面，快速地书写是为了跟上思维的进程。人的思维是复杂而迅速的，有时灵感一来，真可谓神思泉涌，如不快速写下，很可能稍纵即逝。另一方面，快速地书写对追踪思路，训练思维的敏捷性、流畅性是大有好处的。

快速书写除了不必将每个字写得横平竖直外，孩子还可以简化某些字词，建立一整套适合自己的书写符号，形成自己常用的缩略语。例如，用"人大"代表"人民代表大会"，用"二定律"代表"牛顿第二运动定律"等等。有时为了跟踪思维，甚至可以用一个词或几个词代替一长串词句。

要注意的一点是，孩子所记的笔记必须清楚明白、容易看懂，而不是潦草，过于简略，连自己也看不清楚是什么。

总而言之，快速简略地书写目的只有一个，那就是提高记笔记的效率。

第四，经常整理课堂笔记。

许多孩子往往记了笔记后就放在一边，从来不整理。事实上，此种行为是不恰当的，这样笔记也就没多大用途了。实际上，最为科学的方法就是，课后主动地整理笔记。为什么要这样做呢？由于为了争取时间，不影响听课，孩子在课堂上所记的笔记可能比较凌乱，轻重不一，缺乏系统性，从而导致课后不太好用。因此，为了巩固学习效果，确有必要学会整理课堂笔记，使之成为条理清晰、好看好用的参考资料。

整理笔记是把知识深化、简化和系统化的过程。对一堂课的笔记而言，整理笔记主要是把上课时未能记录的部分补起来，把记得不准确的地方更正过来，把次序颠倒逻辑不清的地方调整过来，把无关紧要的内容省略掉……总之，家长应该要求孩子尽量把课堂笔记整理得赏心悦目，使自己一拿起来就舍不得放下。这样，一旦孩子到了复习考试的时候，打开笔记本，就会发现里面应有尽有，只要检索就可以了。

对于孩子来说，45分钟课堂学习效益的高低，在某种程度上决定着孩子学习成绩的高低，因此，家长一定要引导孩子尽自己的最大努力，用最科学的方法认真去听老师讲课。而家长只要引导孩子做好以下几点，任何一个孩子都会成为"听课高手"：

1. 绝不开小差，紧跟老师思路。不开小差，紧跟老师思路是孩子注意力高度集中的良好表现，而注意力是否集中往往是决定孩子成绩高低的关键。

2. 老师强调的地方，往往是本节课的重点。抓住了重点，也就抓住了该堂课的精髓。

3. 记笔记、听课，两不误。课堂上必须记笔记，但听和记应以听为主，以记为辅，记为听服务，这样孩子既记好了笔记，又没误了听课，课堂效率才会显现出来。

3 指导孩子利用好假期

现在孩子周末都不用补课，加之寒暑假时间都比较长，如果能够把这些时间高效地利用起来，不愁成绩上不去。

+·❀

假期，通俗地说，就是指每个星期的周末和每一年的寒暑假。那么，在假期这段非常充裕的时间中，孩子们是如何度过的呢？

我曾对中学生假期生活做过一些调查，归纳起来有以下两种方式：

一，放纵式。

有些孩子由于自律性还不强，且缺少老师的引导与家长管理，一放假便拼命赶作业，赶完作业后甩开手玩儿。每天睡到日上三竿起，然后就是"鼠标加遥控器"，偶尔参加同学组织的活动，生活不但没有规律，还千篇一律，没有丰富的内容，结果糊里糊涂就过完了假期。

二，开放式。

有些孩子自律性很强，往往在假期也不放松"学习神经"，其实早在假期即将到来的时候，他们就早早给自己拟好了假期计划，每天要学习多长时间，看多少书，做多少道题。完成了任务便去玩儿一下，双休日就和同学逛逛街，打打球，或者逛书城，寒暑假时和同学集体去游玩周围的风景名胜。这样学学玩玩，既使得自己的假期生活丰富多彩，又达到了休整的目的。

不同的假期生活方式，收到的效果也大为不同。

每到新学期开学的时候，我发现班级里往往会出现两种情境：一种是有的孩子学习效率相对有所提高，成绩也有所进步；还有一种是有的孩子学习效率相对降低，成绩没升反而下降。

我曾试图去找寻产生这种怪异现象的原因，经过和孩子们的交流，我终于知道了其中的奥秘所在，原来关键就在于假期的利用情况。那些在假期不忘自己"本职"，把学习放在首位的孩子，面对新学期紧张的学习生活不仅不觉得费劲，还游刃有余，这样学习效率自然就高，而那些在假期疯玩儿的孩子，在开学后很难马上进入学习状态，不但不适应原来的学习节奏，和其他同学相比更是输在了起跑线上。

爱因斯坦有一句名言："人的差异在于业余时间。"

有家长曾问我提高孩子成绩的捷径，其实捷径就在业余时间，也就是对周末和寒暑假这两个假期的利用。初中生的周末都不用补课，加之寒暑假时间都比较长，如果能够把这些时间高效地利用起来，还愁孩子的成绩上不去吗？

（1）周末——理科以计算为主，文科以作文、阅读为主

每当有孩子以及孩子家长问我周末应如何学习时，我都会给他们支这样一个招：理科以计算为主，文科以作文、阅读为主。

为什么要选择在周末时间做理科的练习题，读一些文科的课外文章呢？主要是因为周末时间充裕，可以对知识进行更为广泛的思考和吸收。

要想学好理科，就得做大量练习。有句谚语是这样说的：一天不练手脚慢，两天不练丢一半，三天不练门外汉，四天不练瞪眼看。用这句话来形容理科学习再适合不过了，理科学习不仅要重视对知识的掌握，更要注重平日的工夫，也就是做大量的练习。

同理，要想学好文科，作文和阅读是重中之重。在考卷中，仅阅读和作文两部分内容就占据了整个试卷一半以上的分值，如果能

在这两个大项上发挥出色，那么，考取高分就不在话下了。

但话又说回来，计算、作文和阅读是最费时间的三件工作，也就是说，没有充裕的时间根本无法搞好这几件工作。通常情况下，平时周一到周五的学习过程中，孩子总是处于一种忙碌状态，不仅每天要认真听课，回到家还得认真完成各科作业，往往光是作业就要忙乎一个晚上，因此根本就没有时间再做其他事情。这样一来，这三件工作就得放在别的时间进行，而周末无疑是最佳的选择。

在周末时间的利用上，一位妈妈的做法很合理：

这位妈妈始终遵循劳逸结合的道理，因此周末两天时间，她一般让孩子抽出一天半时间来学习，另外半天用来休息，让孩子随心所欲地做自己想做的事。而在这一天半的时间里，她会让孩子自主安排，做题累了就看看作文选或其他课外读物，看一段时间后再做做题。有时候，如果某一时期孩子的数学成绩下降很快，这位妈妈就会让他专门集中时间来做理科题目；如果某一时期孩子的阅读或是作文还有待加强，就又会让他把周末时间重点放在文科学习上。

这样做的结果，孩子文理科成绩都有很大的提高。

周末，是平时学习过程中时间比较充裕的时段。这段时间，文理科都不能偏废，理科多让孩子做点练习，文科可让孩子进行一些课外阅读，交叉着来，让孩子的大脑在文理之间自由切换，这样不仅有利于学习效率的提高，也能让孩子养成不偏科的好习惯。

（2）寒暑假——复习上学期学习的内容，预习下学期要学的内容

如何才能让孩子把寒暑假高效利用起来呢？我的建议是复习上学期学习的内容，预习下学期要学的内容。

我可以毫不夸张地说，在假期里复习上学期的内容是提高学习成绩的一个重要途径。为什么这样说呢？很重要的一个原因就是，初中阶段的知识是成体系的，上学期的学习，能够直接影响下学期，大部分在上学期学到的知识，在下一学期仍然需要用到，如果孩子学过后就放在一边，而不注意巩固，那么在下学期需要之时肯定就记不起来了。

从另外一个角度来讲，一个学期的时间还是比较长的，在这个学期里，孩子学到的知识肯定很多，而经过一个学期的学习，有的知识点也许早已在他的脑海中抹掉了，在假期的时候，安排一定的时间，回顾上个学期的知识要点，如英语单词，数学和物理的公式、法则、定律等，势必能够加深记忆。

特别是一些瘸腿科目，更要花时间和精力来加强，拖的时间越长就会越学越难，越学越没劲，从而产生厌学的情绪，也导致了成绩的不理想。复习的目的实质上就是查缺补漏，我在前面也提到过，假期时间相对集中，个人自由安排的可行性大，所以易于对上学期的内容集中攻关。

在这里，我为家长提供一个借鉴方法，你可以让孩子参照着做。这种方法可以用一个公式来表示，也就是**攻克薄弱科目＝每天三小时：一小时看书＋一小时课后练习＋一小时错题整理**。

就拿数学来说吧。孩子一学期下来要学习厚厚一本书的内容，9年级的孩子还要加上几何，可以说任务比较重，稍有不慎就会滑坡。而且，平时各科的学习任务都不轻松，难以专门抽出大量时间来弥补数学之短。所以，假期是个非常理想的选择。我们可以帮孩子定下"一星期四分之一本书或是半本书"的任务，每天花三个小时的时间来进行复习：一小时看书＋一小时课后练习和试卷重现＋一小时错题整理。这样稳扎稳打的复习方式，对于寻找知识盲点，提升数学学习的综合能力是大有帮助的。

除此之外，复习语文、英语或是别的科目都可以采用三小时复习的方法，哪门薄弱补哪门。总之，这个工夫是不能省的，你一定要让孩子争取时间把弱势给补上，这样孩子就不会继续在薄弱项目上摔跤，单科成绩上去了总成绩也就提升了。

许多家长和孩子往往不重视假期预习这个环节，认为这是多此一举，完全没有必要。事实上，假期预习是很有必要的学习策略，假期提前预习，做好准备，开学后才不会有压力。

一般而言，**提前预习功课，有三个目的：一是了解下学期将要学些什么，做到心中有数，做好下学期的学习计划和心理准备；二是为了提前介入，先解决一些孩子自己能够解决的问题，为了下学期能更好更容易地听懂老师讲课，提高听课和做练习的效率。三是提高孩子的自学能力，为以后能独立地获取知识打下基础。**

一个在中考时拔得头筹的孩子这样总结自己的假期学习经验：

从上小学开始，我一直有个习惯，就是每一个寒暑假都会提前学习新学期的课程。举个预习数学的例子，我每次都会从第一页看起，看完一节，做一些习题，难题不会做就先放着，这样一个假期下来，我已经先学了一本书的大部分内容。

这种自学式的综合把握，让我在新学期上数学课时比别的同学要轻松很多。

如果家长也能让你的孩子像这个孩子一样利用寒暑假时间预习下学期的学习内容，那么开学之后，你会惊喜地发现，孩子学习起来会轻松很多，不再感到苦不堪言，吃力不已。

当然，学习既然要讲究策略，就不能不讲方法。有的家长也许有让孩子在假期预习的想法，但却不一定有正确的预习方法。一位家长就曾打电话给我："老师，孩子下学期就要升入9年级了，我想让他在假期提前学习一下9年级的知识。请问，我应该让他怎么预习呢？"

预习的方法主要是靠自学，家长可指导孩子这样做：

第一，向9年级孩子借他们用过的课本，如数学、物理、化学等。用过的书，上面的练习题一般都有答案了，可以提示孩子这些练习题是否会了。再去书店买一些相应的课本同步资料，有练习题，有答案，有自测，有讲解，孩子可以利用这些辅导资料看看学习的要点、难点，以及测验的答案及讲解。

第二，让孩子先看课本，通过看书指出课本的重点、要点，理解其中的主要概念、性质、公式、法则等，尽量自己把课本看透，弄清课本安排的用意和结构，弄清课本知识的层次和大意。

第三，让孩子尝试着做练习题。尽管上面已经有了以前别人做过的练习题答案，但家长可以让孩子把题目抄在练习本上，试做一下，然后对照答案，看看自己的答案是否和别人的一样。

第四，再看看辅导材料，看看材料上分析归纳的重点、要点以及难点是否和自己理解的一样，看看上面还有什么样的训练题目，并试做一下。

在预习的过程中家长要提醒孩子注意一点：预习的最大效能是培养自己的学习能力，而不是要求学得很深，对知识有个大致的了解即可。

从某种意义上说，假期（周末和寒暑假）是孩子提高成绩的最佳时机。那么，作为家长，应如何指导孩子利用好假期呢？有以下两点建议：

1. 周末——理科以计算为主，文科以作文、阅读为主。多练习是学好理科的途径，文科的大头则在阅读、作文两块上，周末花时间学这些，有助于文理科成绩的突破。

2. 寒暑假——复习上学期学习的内容，预习下学期要学的内容。寒暑假复习是对所学知识查缺补漏的过程，工作做好了，孩子所学的知识就牢固了。而假期提前预习，孩子下一阶段的学习定能轻松很多。

4 提高孩子成绩，家长必须走的两条捷径

帮孩子还得讲究方式方法，方法对了，家长就能对孩子的学习起到帮的作用；方法错误，则会害了孩子。

＋·＋❈

一说到孩子的学习成绩，许多家长往往感到心急火燎，忐忑不安。例如：

有个家长曾经对我说过他的感受，他的孩子马上就要中考，可是成绩一直不好，他很着急，想帮忙却不知道从何下手。

另一个家长说，他的孩子进入初中后知道学习了，但是成绩进步很慢，想帮孩子，却不知道怎样做才能让孩子的成绩快速提高。

关于这个问题，我想起了一些家长的做法，为了提高孩子的成绩，他们是这样做的：

一个家长告诉我，他给孩子买了很多的辅导书，让孩子不停地做题。

另一个家长说，他搜集了大量的难题，让孩子主攻难题。

家长们的这种做法会产生怎样的影响呢？通过以下两个案例，家长们就能得出答案：

张薇薇，我曾教过的一个女孩，7-8年级时成绩不错，学习的劲头也挺足，可自从进入9年级以后，成绩一直不停地下降，到最后中考时名落孙山。原来，她的父母给她买了很多的辅导书，她每天都投入到无休止的题海战术中，久而久之，精神变得疲劳起来，许多负面情绪也油然而生，一看到题就反胃。

李毅，也是我的一个学生，思维非常活跃，解题速度比一般孩子要快很多，是个学习的好苗子，在我看来，他进重点高中是十拿九稳。可出人意料的是，他中考成绩一般，最后只考上一所普通高中。这又是为什么呢？原来，看到他在解难题上很有天分，他的父母就让他放弃简单题、中等题，专攻难题，而由于每天接触的题目太难，孩子因解答不出来而产生了巨大的心理压力，渐渐地对学习失去了信心，进而影响了整个冲刺阶段学习的效果。

看，这就是家长做法不得法的结果！诚然，每一个做家长的，都希望孩子能够在成绩上实现飞跃，进入好的高中学习，但家长不能盲目地寄希望于题海或攻难题，却无疑是在揠苗助长。

因此，有了这个前车之鉴，家长们一定要注意，对孩子来说，只有好的方法才能起到帮助的作用，方法不当，不但不能帮孩子，还会害了孩子。

那么家长要怎样做，才能帮助孩子呢？有以下两种方法可以借鉴。

（1）陪孩子选一两本好的练习册

每当有家长来找我咨询如何提高孩子成绩的时候，我都会给他们提这样一个建议：陪孩子选一两本好的练习册。

为什么要这样做呢？对孩子的学习而言，一定量的练习是不能少的。练习是掌握知识的"练兵场"，孩子在将近3年的学习中，将会学到大量的知识，但所有的知识掌握与否，必须经过练习来验证。而且，练习得多，各种情况见得多了，就能见多识广、熟能生巧，到上考场时，也不至于临阵慌了手脚。

我曾教过的一个孩子，在回忆考试失败的教训时是这样说的：

本以为知识已经掌握了，练习可以不做或少做，因此我经常少做练习，甚至不做，对自己学习的真实情况缺乏验证和了解，一味地盲目乐观，结果在考试时一败涂地。

这个孩子的经验教训值得我们家长反思，我们应当引以为戒，要想让孩子提高成绩，就要让他到"练兵场"上多练练。

有的家长可能会有疑问，为什么不给孩子多买几本练习册呢？事实上，作为一名老师，我很反对家长这样做。孩子得做题，但这并不意味着要让孩子搞题海战术。我曾对那些在题海中遨游的孩子进行过研究，结果显示：绝大部分的孩子遨游得并不是那么畅快，"陷入题海，不能自拔"的孩子不在少数。的确，一味追求量会引起孩子精神上的疲劳，产生负面情绪，严重者甚至会一看到练习题就想吐。

总而言之，**要提高成绩，得让孩子做题，但不能做得太多，最合理的做法就是做一两本练习册即可。**

一位家长曾很高兴地跟我分享他的教育成果：

我上学的时候就有这样一个经验，每科买一本精品练习册，就一本，把这一本做通做透了，所有类型的题也就都会了。后来我有了孩子，就把这种方法传授给了孩子，从目前的情况来看，效果非常好，孩子的成绩提升得很快。

家长们不妨也借鉴这位家长的做法，陪孩子选一两本好的练习册，让他完成上面的题并且吃透它，你会惊奇地发现，孩子的成绩正向前逐步迈进。

提到好的练习册，很多家长肯定会皱着眉头说："什么样的练习册算是好练习册呢？"

家长在选择的时候，可以按照这样的标准来选择：你可以选择某一章节，看这个章节中的练习题类型是否全面，一般说来，判定一本习题集是否全面，应该看它是否涵盖了难、中、易三种类型题。如果习题集中的题目都很简单，那么孩子的成绩提高的速度就会很慢；如果都是中等难度的题，孩子的成绩则无法拔高；如果全是难题，则很不实际。所以，一本练习册必须涵盖了难、中、易三种类型的题，才能算得上是好的练习册。

（2）帮助孩子找出知识漏洞

家长帮助孩子找出知识漏洞，是提高孩子成绩的又一条捷径。这个工作就好比士兵去打仗前，要看看武器是否准备好了，刺刀有没有遗忘，子弹的数量是否充足，然后根据自己的情况再进行有针对性补充和练习，这些便是防患于未然的根本举措。

然而，很多家长往往忽视了这个步骤的重要性。在平时，我发现相当多的家长在用错误的观念对孩子的学习进行关注：

对待作业，家长只会问孩子一句"作业做完了没有"，听到孩子回答"做完了"就再也不管了，老师批改的作业家长也不会看上一眼。

对待考试，家长表现为只看得分，不看丢分，孩子考得不错便给予孩子表扬，孩子考得不理想就把孩子训一顿，至于孩子为什么丢分，这从来就不在家长关注的范围内。

作业和考试是为什么？是为了查找孩子在某一阶段学习中的不足。做作业是对所学知识的平时检验，考试是对所学知识的阶段性检验，如果家长只知道让孩子学而不知道查，那么孩子就不知道自己哪里存在不足，也就不知道要从哪里进行补救，这样怎能谈得上取得好成绩。

我就曾经拿成绩不太好的孩子的试卷做过研究，发现孩子之所以成绩一直得不到提升，往往是因为前面犯过的错误后面接着犯，一错再错。

因此，家长对孩子的学习，不能再像以前那样只叫孩子学而不知道帮他查，要形成一种新的关注方式——及时帮助孩子找出知识漏洞。

孟桐是我教过一个孩子，初中3年他的学习成绩一直都很拔尖，中考以高分进入市重点中学学习。在我请孟桐回学校给学弟学妹们分享学习经验时，他是这样说的：

我能取得优异成绩，与父母对我的教育是分不开的。他们很重视我的学习，但却从来不去刻意关注我的分数，他们在意的是我常常出错的地方。每次作业发下来，他们都要认真看一遍，不看打钩的地方，而是看那些打了叉的，试卷也是如此。他们经常对我说："你出错了，就说明你在这一方面还存在漏洞，需要弥补。"

　　这真是一对用心的父母，他们的做法，能够使孩子及时发现自己的不足，进而及时纠正错误。这样一来，孩子在日常学习中偶尔出现的小错误就被克服在了"本环节"之中，一方面孩子以后不会再犯同样的错误，另一方面避免了日常小错误因长时间积累而酿成大错，最终导致无法克服的结果的出现。

　　查，是检验成果的必要手段，是改正不足的第一环节。一个企业，如果不对每道工序都进行质量检验的话，到最后总装的时候，就会出现质量问题成堆，生产出报废品的情况。**学习也是如此，如果在日常的学习过程中，忽视了查这一环节，到最后考试前，漏洞一大堆，根本来不及补，那他的学习就只能以失败收尾。**因此，作为家长，在孩子平时的学习中，务必要帮助孩子找出知识漏洞，并及时进行弥补，这样才能真正做到未雨绸缪，杜绝失败。

名师点睛

　　家长如何尽可能多地帮助孩子提高成绩呢，把最大部分的精力放在哪里才能得到最高效的回报呢？我认为，有以下两条捷径可以走：

　　1. 陪孩子选一两本好的练习册。如果孩子能完成一两本好的练习册上面的题并且吃透它，那么成绩肯定能向前迈进。

　　2. 帮助孩子找出知识漏洞。有漏洞不补，终会因积累太多而酿成大错，及时弥补了，才能做到未雨绸缪，杜绝失败。

5 提升学习效率

孩子学习成绩不佳，往往是因为学习效率不高，表面上把大量时间与精力花在学习上了，可实际上却有一大部分时间没产生学习效果。

有些家长对自己孩子的学习成绩低感到十分不解，在和一位家长聊天时，他这样对我说："每天都看见孩子规规矩矩地坐在桌前学习，可为什么考试成绩却不见得提高呢？"

其实，不单是家长，连孩子自己也感到很困惑：

一个孩子苦恼地对我说："我非常珍惜时间，学习抓得很紧，一天除了上课、吃饭、睡觉，其余时间几乎都用来学习了，可成绩总是不理想。"

另一个孩子向我抱怨："每天除了上厕所的时间外，我对其他的时间都进行了精心打算，以致每天只睡 5 个多小时。我不明白，我都这样努力了，为什么学习成绩不是提高反而是不停地下降呢？"

在多年的教学过程中，我发现，无论家长还是孩子都会形成这样一种认知：学习，只要肯用功，只要花的时间够多，就能获得回报。

不得不说，这种想法是错误的，学习成绩与用功程度和学习时间，并不一定成正比。

那么，究竟是什么原因使得孩子付出了努力，却收不到成效呢？这就涉及到学习效率的问题。**换句话说，孩子学习成绩不佳，往往**

是因为学习效率不高，表面上把大量时间与精力花在学习上了，可实际上却有一大部分时间没产生学习效果。

我就曾对那些成绩优异的孩子进行过长期观察，发现他们的学习效率都很高，我曾教过的学生赵华就是一个典型的例子。

初中 3 年，赵华一直担任班长职务，班上大大小小的事务都需要他来操心，可以说每天用来学习的时间比别人少了很多，但赵华并没有因此而耽误学习。除此之外，他还经常进行运动，除了课堂时间，我从未见过他像别人那样坐在椅子上学习过。但即便这样，赵华的学习成绩始终保持在班级前列。

对于所有孩子来说，提高学习效率就是提高学习成绩的根本途径。因此，作为家长，要想孩子的成绩扶摇直上，就要采取一些手段引导孩子提高学习效率。

那么，我们如何引导孩子提高学习效率呢？我认为，提高效率，方法大致有以下几点。

（1）对孩子进行限时做题的训练——提高解题速度

从教这么多年，只要一考试，我就会听到这样一句话：再给我点儿时间，我一定不会只考这个分数。

其实，回想学生时代，作为大人的我们也有过类似的感受：考试时，我们常常感到时间很紧，试卷还没来得及做完就到了收卷时间，而有些试题，只要再努力一些，我们是有可能做出来的。

那么，这种遗憾是怎么造成的呢？原因之一，就是解题速度太慢。就拿数学考试来说吧，一般情况下，正规的考试时间是 120 分钟，而一套数学卷子，大大小小的试题加起来并不算少，这样平均下来，一道题的解答时间很有限。因此，答题，无疑就是在拼速度，答题的速度越快，解答的题量越多，得高分的可能性就越大；反之，答题的速度慢，解答的题量越少，得高分的可能性就越小。

事实上，解题速度慢是大多数孩子都存在的问题。许多家长常向我反映，孩子在家做作业，光几道题都要耗费一个小时的时间。我也曾做过这样一个试验：

在一堂45分钟的练习课上，我给孩子们布置了30道较为简单的题。结果，只有少数几个孩子能在规定的时间内完成，大部分的孩子能完成一半以上，还有少部分孩子连一半的题都没有做完。

那么，怎样才能加快解题速度从而提高学习效率呢？其实，提高解题速度并没有什么实质性的技巧，关键就是一个"勤"字，也就是说要多练。

对此，我接触过的一位家长感受最深：

孩子挺聪明的，可还是让人很伤脑筋，从小到大，他的解题速度比别的孩子要慢很多，一道简单题常常也要花费不少时间。有时候气急了，我会跟孩子说，你这种学习态度，早晚会吃亏的。这不，我的话灵验了，孩子每次考试都在70~80分打转，每次和他分析试卷，他都是搔搔脑袋，懊恼地说："其实很多没做的题我都会，可就是没时间做。"

转眼间，孩子马上就要中考了，再这样下去，中考成绩势必会受到影响，为了孩子能取得好成绩，我采取了一些措施。

我对孩子开展了一些限时训练，比如设定一个时间，要求孩子在这个时间段内必须完成多少道题，刚开始孩子还做不到，练习的次数多了就达标了。孩子能够完成目标后，我又稍微加大了一些难度。这样，孩子每达标一次，我就在此基础上提出更高一点的要求。

别说，通过这样的训练，孩子解题的速度大大提高了，中考也取得了大家都比较满意的成绩。

可以说，造成孩子成绩无法提高的原因是多方面的，而做题速度上不去是一个主要的原因。因此，要想提升孩子的成绩，当务之急就是通过科学的方法帮助孩子提高解题速度。具体怎么做呢？就像上面那位家长做的一样，平时对孩子进行做题的训练，做到"该得的分一分不能少，能得的分一分不能丢"。

（2）训练孩子做题的准确率——提高卷面的得分率

其实，孩子的学习效率不高，有一部分原因就在于做题的准确率上。那么，是因为孩子解不出来题造成失分的吗？非也。实际上，许多失分的题孩子都能解答出来。

很多孩子考试卷子发下来后，总是难免要叹息：

"这个问题我怎么没想到？"

"这么简单的计算我怎么居然算错了？"

"怎么我在草稿纸上算对了，卷子上却写错了？"

……

看，就是由于不小心、粗心等原因，才会出现本该会做的题做错了的情况，使得孩子与高分失之交臂，实在令人感到惋惜！

那么，有没有办法扭转这种局面呢？方法当然有，也很简单，家长可以有意识地训练孩子做题的准确率。

我曾教过这样一个孩子：

初中 3 年，这个孩子的成绩一直很出色。

在一次家长会上，我问这个孩子的爸爸："你是怎样把孩子教育得这样优秀的？"这位爸爸想了一会儿，说："这主要是我在平时很注意训练孩子做题的准确率。"

那么有什么具体的方法可以提高孩子做题的准确率呢？还是让我们来听听这位爸爸的经验之谈吧：

第一，要培养孩子仔细、认真的习惯。在做题之前，我会先让孩子说出题目的要求，提高审题的准确率。做完题后，孩子通常是扔下笔就走人，把检查的工作交给了家长，后来我变换了方式，要求孩子学会自己检查，然后我再帮他检查，有错误及时改正过来。

第二，要整理错题。我要求孩子把所有作业、考试中的错题原封不动地抄在一本专门的错题集上，做一本"错误档案"，然后再认真检查自己错在什么地方，并用红笔在出错的地方做下标记。

孩子经过这样的训练后，学习效果非常明显，做题的准确率提高了不少。

家长们，现在你知道怎么做了吧？让孩子去做一定量的题，并做到三个"认真"：做题前认真审题、做题时认真思考、做完题认真检查。另外，将做错的题抄在错题本上，归纳总结再训练，经过一段时间的努力，一定能将解题的错误率降低，提高卷面得分率，进而提高学习效率。

真正与孩子学习成绩挂钩的是学习效率，而非用功程度和学习时间，要提升孩子的学习成绩，就要提升孩子的学习效率。提升学习效率的方法有以下两点：

1. 对孩子进行限时做题的训练。进行限时做题训练，可以提高解题的速度，从而提高学习效率。

2. 训练孩子做题的准确率。孩子做题的准确率越高，卷面的得分率就越高，学习效率也进而提高了。

6 帮助孩子找到"对路"的学习方法

孩子与孩子之间是有差异的，有的孩子学得快，就有余力去钻研深奥的知识，有的孩子学得慢，学习重心就还是应该放在基础知识上。如果本末倒置，那么学得快的孩子只能原地踏步，学得慢的永远也别想进步。

我在担任班主任期间，经常有家长为了孩子学习的事来找我，言语间总是流露出过分的焦虑和担忧：

"我家孩子平时聪明伶俐，可学习成绩为什么就是上不去？"

"为什么给孩子请了这么多家教，补来补去一点儿效果都没有？"

……

其实，初中的孩子，只要有学习的欲望，肯好好学习，提高成绩是很容易的。但要是学习方法不"对路"，即便有很强的学习信心，也是枉然。

我曾教过的一个孩子，平时学习一直都很刻苦努力，但成绩却总是不尽人意。这让我百思不得其解，于是暗中对他的学习情况进行了一番观察。经过一段时间的观察，我终于发现了他成绩始终无法进步的关键原因所在。具体情况是这样的：

一直以来，这孩子的基础环节就非常薄弱，因此成绩很不理想。而他的同桌学习成绩非常棒，为了提高自己的成绩，这孩子就照搬起了同桌的学习方法。看到同桌每天都在钻研难题，他也把大部分的学习时间放在练习难题上。

人与人之间，虽然有相同的地方，但实际上不同之处居多，因此需求就会不一样，就拿穿衣服来说，有的人胖，有的人瘦，那么瘦人穿的衣服给胖人穿就不合适，胖人穿的衣服给瘦人穿，也会显得怪模怪样。

学习也是同样的道理。有的人学得快，就有余力去钻研深奥的知识。有的人学得慢，学习重心就还是应该放在基础知识上。如果本末倒置，那么学得快的人只能原地踏步，学得慢的人永远也别想进步。事例中的孩子就是这样，本来基础就薄弱，即使花费再多的时间和精力，难题也不会被攻克。而由于长期看不到成效，他慢慢就对学习失去了信心，成绩一直得不到提高也是自然的了。

那么，具体该怎么做，才能帮助孩子提高成绩呢？方法很简单，也很容易做到，就是帮助孩子找到"对路"的学习方法。

（1）成绩不好抓基础

一次，我的一个学生家长来办公室找我："老师，孩子还有一年就要中考了，可成绩依然上不去，该怎么办？"

我很清楚这个孩子的情况，他之所以成绩差，最主要原因是基础不扎实。

我们大家都知道，建筑工人在盖楼的时候都是一层一层往上盖的，而要使得楼房坚固、结实，就必须打好地基。如果地基没有打好，那么在盖楼的过程中势必会出现倒塌现象。

学习也一样。它是一步一步前进的，是一种由浅到深、逐步深入的过程，如果孩子在学习的过程中，基础打得不扎实，那么要谈提高学习成绩，无疑就是水中月、镜中花。

在多年的教学实践中，我也发现那些学习基础没有打好的孩子，他们不仅不能像基础好的孩子一样快速地吸收新知识，而且在学习中总比其他孩子慢半拍，甚至跟不上老师的教学进度。这样日积月累，学习便成为了一种负担，而学习成绩居于下游也就成为必然的结果。

因此，各位家长，如果孩子的学习成绩不太理想，你也不要着急，你首先要做的，就是让孩子从基础抓起。扎实的基础是学习进步的根基，也是取得良好成绩的保证。

那么，我们该如何帮助孩子打好学习基础呢？其实有一个很好的窍门：**基础薄弱，就要认真听老师讲课，按时完成作业。**

我在前面已经讲过，一个孩子如果听课效率不高，那么学习可能事倍功半或徒劳无功。而老师所讲授的内容，实际上都是些最基础的知识，比如基本概念、定理、定律、法则、公式、名词、术语等。也有的老师会做一些知识的延伸，但总的说来，重点还是放在基础知识的讲解上。因此，课堂讲授正是孩子掌握基础知识的绝佳时机，这么好的机会，家长一定要让孩子把握住。

除了不听老师讲课之外，有的孩子还不按时完成作业，而且这种现象非常的普遍，在我任教的学校，办公室里每天都会有一些"常客"：他们常常拖延交作业、赖作业、以应付的态度对待作业。

不得不说，这是一种十分糟糕的学习态度。做好作业对孩子而言是大有裨益的。作业一般都是基础题，是围绕教学中的重点和难点而设计的，有的是针对孩子们学习容易含糊和容易忽视的内容而设计的，做过作业后，孩子对所学的知识会掌握得更加牢固和扎实。

总而言之，学习是一个渐进的过程，打好了扎实的基础，成绩的提高就有了可靠的保证。**而打好基础，则要求孩子应该做到两点——认真听老师讲课、按时完成作业。**

（2）成绩超好攻难点，攻课外

一位孩子成绩很好的家长向我反映：

孩子抱怨说多数老师上课节奏很慢，思维迟缓得让人喘不过气来。比如订正课后练习，老师往往要花费两三节课的时间才能讲完，有时一堂课就讲一两道题，简单的步骤也一步不省地写在黑板上。而事实上，这些内容孩子很早就掌握了，因此，这种听课方式，对于孩子来说，简直是在耗费时间。

其实，这种现象很正常。老师的授课内容、讲课速度主要兼顾的是大部分的孩子，他不可能仅仅针对学习成绩好的孩子，也不会只偏重于学习较差的孩子。因此，碰到这种情况，家长们可以告诉孩子听课的方式不必"专心致志"，完全可以适当进行取舍，安排自己的学习，不要被老师牵着鼻子走。

有的家长又开始担心了，这样做会不会影响到孩子的学习呢？我很肯定地告诉你，不会。如果老师讲的是一些基础知识，而孩子恰好已经全部掌握了，这时候，不听课对孩子而言，根本就没有坏处，听课，才是白白浪费时间，而对分秒必争的学习来说，这样的浪费是可惜的。

学习方式还是应该根据孩子的实际情况来定，对学有余力的孩子而言，有时候跟着老师的步调走，未必是好事。

我曾教过的一个孩子，成绩一直非常的好，班上的孩子都在抱怨时间不够用，为多争得一点儿学习时间都绞尽了脑汁。但奇怪的是，这个孩子从来就不会为学习时间而苦恼，同样的一段时间，别人都把它花在了学习上，而他却还能用它干其他的事。私底下，我曾找他交流过，对于这个问题，他是这样回答的：

老师同时在给至少 40 名学生授课，并不能做到专门给任何一位同学量体裁衣，这就意味着老师讲的内容肯定不会完全适应于每个同学。

我就遇到过这个问题，小学时我的数学就学得很好，升入初中后，我的成绩依然高出全班平均水平一大截。而数学老师是根据大家平均水平讲课的，所以他课上讲的很多题目对我来说没有什么难度。在这种情况下，如果他讲什么我都照听无误，那岂不是既浪费时间又妨碍自己水平的提高？于是，我上课时要是觉得老师讲的东西太简单，就自己去做其他事，或者预习下一堂课的内容，或者复习前面学过的知识，再或者拿出习题集做题。这样做，既能有效利用上课时间，又能提高自己的水平，可谓一举两得。

其实，这位同学的学习方法并没有什么高明的"招术"，但却很具科学性。我在他的学习方法中看出了这样一点：**在学有余力的情况下，就要敢于抛开老师，走适合自己的路，如果对老师的每一项指示都绝对忠实地执行，那么就只会做无用功，一点儿效率也没有。**

所以说，如果孩子的基础超好，家长不妨告诉他完全可以不跟着老师的步调走，也就是对那些常规的、基础的部分，无须一板一眼地听，可以利用这段时间转攻学习的其他方面。

看到这里，也许有的家长会问："攻什么呢？"我有两个好的建议：攻难点、攻课外。

什么是攻难点？就是把精力集中在较难的知识点、习题上。考试的卷子，主要有难、中、易三种题型，所占比例不等。容易点儿的题，如果没有出现马虎、粗心之类的客观因素，几乎每个孩子都能拿下；中等题型，除了成绩稍差的一部分孩子，多数孩子都会得分；而难题，就是对所有人的挑战了，能做对的人只有少数几个。而要想在成绩上与别人拉开差距，靠的就是难题的得分情况。做对得分了，档次就与别人分开了；做不出来没得分，大家的水平就一样，没什么差别。

因此，要想孩子获得高分，在成绩上与别人拉开差距，就可以让孩子在平时多花时间攻难点，积累多了，即使再难的题，孩子也可以做到胸有成竹，从容下笔。

什么是攻课外？就是广泛涉猎课外内容。为什么要花时间这样做呢？这主要是针对考试而言。近几年来，考试的试题越来越注重对考生的全面能力进行检验，试题内容除了课本上的知识点外，还会适当地增加一些课外的知识。因此，要想孩子在考试中取得较理想的成绩，仅仅局限于课本上的东西的学习是不够的，必须要读一些有助于学习的课外内容。

一个成绩在班级遥遥领先的孩子曾分享他的学习经验：

当老师在讲课本或复习资料上的例题时，如果我已经会了，我就会选择不听。这段时间我刚好就用来看些与学习相关的报刊杂志，如《化学报》《学习指南》等。从这些读物上，我不但巩固了基础知识，还拓宽了视野，开阔了思路。在考试时，涉及到的一些课外知识，看到别的同学急得抓耳挠腮、冥思苦想，而我却轻易就答出来了，那种欣喜是难以形容的。

总之，孩子在学习的时候，是偶尔可以不听话的。在孩子学有余力的情况下，孩子完全可以抛开老师自学，不被老师牵着鼻子走，根据自身的特点，寻求适合自己的路子。这样，孩子的学习成绩才会扶摇直上，与别人拉开距离。

孩子好成绩的获取，不仅需要有巨大的学习信心，更重要的是，还得有"对路"的学习方法，方法不"对路"，一切都免谈。具体而言，家长可以根据孩子的实际情况，按照下面的模式来帮助孩子：

1. 成绩不好抓基础。如果孩子成绩不理想，那么孩子就应该把重点放在抓基础上，有了扎实的基础，成绩的提高就有了可靠的保证。

2. 成绩超好攻难点，攻课外。如果孩子成绩很好，家长不妨让孩子把重点放在难点和课外上，这往往是和别人拉开差距的绝佳路径。

7 从成绩不佳到成绩超佳的两个技巧

战士杀敌手中要有武器，工人做工手中要有工具，作为一名学生要想取得好成绩，就要掌握一定的学习技巧。

升入初中之后，大多数孩子都会发出这样的感叹："要想把学习搞好，太难了！"听到孩子这样说，家长开始担忧起来。

一位家长就曾对我说："老师，孩子进入初中还没几天，就成天在家喊学习太难，我听了，心里也怪担心的，孩子小学时成绩就不怎么突出，这下可能更糟糕了。"

其实，客观地说，造成这种情况的原因并非是学习真的太难，而是孩子们没有掌握正确的学习方法。采用的学习方法不当、不科学，自然就不会取得好的成绩，在这种情况下，孩子自然会觉得学习太难。

战士杀敌手中要有武器，工人做工手中要有工具，作为一名学生要搞好学习，就要掌握一定的学习技巧。如果能够很好地掌握学习技巧，就能够使得学习效率得到极大的提高；反之，如果在学习中不注意掌握这些学习的技巧，就会事倍功半，使得付出的努力和学习成绩无法成正比。

具体来说，从成绩不佳到成绩超佳，必须让孩子掌握这样两个技巧：

（1）有疑就必须问，不让问题过夜

与同事在办公室聊天的时候，有位同事开玩笑说："小学生的问题多，要问十万个为什么；中学生也有问题，但一般不会提。"

这虽然是句玩笑话，但却是不容忽视的事实。在多年的教学实践中，我就观察到，绝大多数的孩子都喜欢"沉默寡言"，而不愿问问题。

难道这些孩子学习的过程太顺利了，没有问题可问了吗？事实恰恰相反，这些孩子心里的疑问多着呢。

那为什么孩子们都不喜欢开口呢？我曾尝试着做过分析，发现原因主要有以下几点：怕问得不好而挨老师的批评和指责；怕被同学说成"故意要小聪明"；怕提出的问题不好，而被同学笑话，从而丢了面子。

事实上，对于初中生来说，无论出于何种原因，有疑不问，对学习都是极为不利的。**"学问"二字的字面含义就包括"学"和"问"两个方面，可以说，"问"是通往"学"的大门。** 知识的获取，是需要一个认识过程的，而认识又总是开始于不认识。也就是说，具有渊博学识的人，都是从无知即有问题开始的。因此，提出问题是学习的起点。

我曾教过这样一个孩子：这个孩子在班上是属于默默无闻那一类型的人，无论是上课还是课后都很少开口，更别提提问题了。因此，他的成绩也是一般，不好也不坏，因而很少引起别人的注意。

但是，自从上了 9 年级，他就像变了个人似的，变得爱说爱笑起来，不仅在课堂上积极提问、回答问题，而且在课后也经常拿着问题向同学或老师请教。

是什么改变了他？带着这个疑问，我把他喊到了办公室。对此，他是这样回答的：

在 8 年级结束的那个寒假，我认真地对我的学习状况进行了总结分析，结果我意识到，如果按照我目前的成绩，要考上高中问题不大，但要进入重点高中就有一定的难度了。然后，我就顺藤摸瓜，试着去寻找自己成绩上不去的原因，我发现最大问题就出在有疑不问上。

第四章

初中 7～9 年级，快速提升孩子成绩的十大窍门其实，我们学习的内容连贯性很强，各知识点之间都有着紧密的联系，如果前面学过的知识没弄懂，后面的也就连带着不会懂。结果，疑问越积累越多，到最后真就什么都不懂了。以前在学习的时候，每当遇到有疑问的地方，我都让它跳过去，或者是告诉自己以后再问老师，然而，事情过去之后，我却忘了问。这样，问题越拖越久，到头来我依然不懂。

这个孩子后来果真被重点高中录取了。我们不妨试想一下，如果当初他没有及时改变学习态度，仍然坚持有疑不问，那么他会实现自己的梦想吗？相信家长们心里已经有了答案。

因此，**家长一定要行动起来，鼓励孩子有疑就必须问，不让问题过夜。学问，学问，要学也要问，很多东西只有问了才能长进，有些问题孩子自己冥思苦想不得其解，可往往一经别人点拨就豁然开朗了。**

（2）寻找自己学习的薄弱环节

在一次与家长们交谈的时候，有一位家长很无奈地对我说："我把所有希望都寄托在孩子身上，就是想让他考上一所好的高中，可是无论我怎么努力，孩子的成绩就是上不去，我不得不认命了。"

各位家长，当孩子成绩不见起色的时候，你是否也会像这位家长一样选择放弃？实际上，你根本就用不着气馁、沮丧，因为你的孩子还有潜力可挖，也就是说，孩子的成绩还有上升的空间。

也许你会问："这空间是什么呢？"答案很简单，就是一直以来你和孩子最容易忽视的薄弱环节。

在这里，举一个我教学生涯中发生的例子：

我的一个学生，他数学好英语差，每次考试，数学能考到班里前几名，而英语却总是不及格，这样一来，他的总成绩总会受到影响，名次也跟着跌到了后面。

孩子很难过，哭丧着脸来找我。经过一番分析，我告诉这个孩子，他的总成绩大有提升的可能，只要提高英语成绩即可。接着，我帮孩子一起分析了他英语学得不好的原因，原来，他之所以学得很差，问题就出在单词的掌握程度上。说实话，他的单词掌握得相当糟糕，在他的大脑里，储存的词汇量少得实在可怜，而这恰恰就是他最致命的地方，想想看，一个连最基本的单词都掌握不好的人，又怎么能学好英语呢？

于是，在不扰乱他正常学习的情况下，我利用课外时间帮他进行补习，重点就补英语单词，从最简单的单词发音开始，然后是拼写单词、读单词，进而深入到默写、造句、读课文。

经过一段时间的训练，他的英语水平逐步得到提高，由原先的不及格到及格，再到80分，乃至超过100分，而他的总成绩也随之提高了，名次也上升了很多。

可以这样说，这个孩子的成绩能够得到提高，其实就是找到了自己的薄弱环节——英语单词，然后在这方面苦下工夫。

很多时候，孩子的整体状况不理想，败就败在薄弱环节上。反过来，如果孩子能够克服自己存在的弱点，就可以保证成绩的稳定与拔尖。

在学习的过程中，如果孩子能掌握一些学习技巧，就会实现从成绩不佳到成绩超佳的转变。

1. 有疑就必须问，不让问题过夜。有疑不问，当积累的问题越来越多时，很容易产生积重难返的感觉，这样，成绩想不下降都难。

2. 寻找自己学习的薄弱环节。找到学习的薄弱环节，然后主动补上这一课，这样成绩势必会有质的飞跃。

8 考试技巧——提高成绩的一些途径

孩子要想取得好成绩，平时的努力必不可少，除此之外，孩子在考试时的表现往往也决定着他们成绩的好坏。

升入初中之后，孩子所面临的考试会明显增加：平时小测、月考、摸底考、期中考、期末考……而在每次考试中，大多数的孩子和家长都把眼光定格在了考试成绩上，每当考试成绩公布之后，都会出现几家欢乐几家愁的场面。

在一次家长会中，我问这些初中孩子的家长们："学校组织考试的目的是什么？换句话说，通过考试，孩子能够得到什么？"大多数家长都认为，学校组织考试的目的就是检验孩子的学习效果。

然而，作为一名执教多年的老师，我却不这样认为。当然，检验孩子的学习效果是考试的目的之一，但这并不是主要目的。考试的主要目的是使孩子总结前一阶段的学习经验，例如，根据考试的结果，孩子能很清楚地知道自己哪方面的知识掌握得牢固，哪方面的知识还没有完全掌握，从而可以总结出哪些学习方法比较有效，哪些学习方法效果不大；根据考试的结果，孩子还可以检验自己的学习习惯是否合理……

其实，从学校角度来讲，组织考试还有一个非常重要的目的，那就是通过考试来增强孩子学习的上进心和自信心，从而使他尽快地提高学习成绩。

作为家长，我们都知道鼓励能够使孩子充满学习的动力，于是我们总是寻找机会给孩子各种各样的鼓励：物质上的、精神上的……但家长们却没有完全把握这些初中孩子的心理。对于他们来说，任何一种形式的鼓励所带来的喜悦感，都不如他自己取得一次好成绩而产生的强烈。

在多年的教学过程中，我发现大多数孩子身上都存在这样的特点：

成绩考得不好时，无论我怎样劝他们、鼓励他们，他们嘴上说一次成绩不代表什么，要用下次的成绩来证明他们的实力。但我知道他们的心里十分在意，甚至还会因此而丧失继续努力的斗志，因为我总会在无意间发现他们垂头丧气，或者唉声叹气。

但当他们考得好成绩时，就像完全变了个人似的。课堂上积极、踊跃地发言；课下只要有不懂的问题，总能及时地与老师探讨……在他们的一举一动间，总能表现出学习的积极性和学习的自信心。

这就是学校组织考试的主要目的之一。但令家长们失望的是，并不是每一个孩子有机会品尝到取得好成绩的成功与喜悦，大多数孩子还处在中等或差一些的行列。所以，家长要想让孩子充满信心地去学习，就要时常让孩子体验到取得好成绩的成就感。

看到这里，家长们也许会产生疑问："孩子要想取得好成绩，主要在于他平时的努力和掌握知识的牢固程度，我们能够帮得上他们什么忙呢？"家长们说得没错，孩子要想取得好成绩，平时的努力是必不可少的，但家长们也应该明白，除了平时的努力，孩子在考试时的表现往往也决定着他们成绩的好坏。因此，家长除了让孩子在平时加强努力之外，还要引导孩子总结考场经验和考试技巧。

初中的孩子，他们已经经历过了很多次大考、小考，在不久的将来，他们又即将参加中考，所以，让孩子掌握一定的考试技巧就变得迫在眉睫。一般来说，作为初中孩子的家长，你必须让孩子掌握以下几种技巧：

（1）考试之前，千万不要让孩子搞疲劳战术

为了让孩子能考个好成绩，大多数的家长会让孩子在考试之前进行一段时间的疲劳战术，凌晨 5 点，就叫孩子起床背书；晚上不到 11 点，绝不允许孩子上床睡觉……

每当考试之前，班上都会出现一种奇怪的现象：大部分的孩子无精打彩，不断地打着哈欠；还有一小部分孩子在打瞌睡，甚至有的孩子会趁老师不注意，趴在桌子上睡一觉……后来经过了解我才知道，这些孩子都在家长的指示下，在大搞疲劳战术。

家长可以想一想，即使孩子凌晨 5 点起床，晚上 11 点睡觉，这样他们最多可以多学习 4 个小时。但这样做的后果却是，他们在上课的时候没精神或者打瞌睡，得不偿失。

另外，初中的孩子正处在身体发育的关键时期，他们身体的发育不仅需要大量的营养，还需要正常的休息和睡眠。在考试之前，孩子本来就处于紧张状态，如果再加上长时间的疲劳战术，孩子的身体很容易累垮。如果出现这样的结果，那家长的做法就更加得不偿失了。

其实，在考试之前，家长不仅不要让孩子搞疲劳战术，还要引导孩子复习时劳逸结合，更为重要的是，让孩子保持轻松的心情。

家长可能都发现了这样一个问题，不管是大考还是小考，在临考的前几天，孩子几乎是吃不下饭、睡不好觉，甚至还学不好、玩儿不好……总之不管做什么，孩子都好像不在状态。其实这都是孩子太过紧张的表现，情况严重的甚至会演变成"考前综合征"。

在多年与这些初中孩子接触的过程中，我发现大多数的孩子都患有或轻或重的"考前综合征"，很多家长都为此急得如热锅上的蚂蚁，有些家长甚至还带孩子去寻医问药。事实上，家长根本没有必要这样做，只要拿出足够的耐心来引导孩子，孩子的这些症状很容易就会消失。

7 年级的优优成绩很出色，过几天就要期中考试了，但优优却出现了很奇怪的行为：妈妈叫她吃饭，她刚吃两口就不吃了，说没有胃口；晚上总是翻来覆去地睡不着……

　　妈妈知道优优可能患上了考前综合征，她决定耐心地引导一下孩子。一天晚上，已经很晚了，妈妈看到女儿房间里的灯还亮着，她知道女儿又睡不着觉了，便过来与女儿聊天。

　　妈妈神秘地对女儿说："优优，反正你也睡不着，我们来做个小游戏好吗？"

　　"好吧。"一听到做游戏，优优没有表现得那么反感。

　　"现在，我来猜测你的内心，把你此刻最担心的事情写出来，如果你认为这是你担心的，那妈妈就帮你解决掉这个担心；如果你认为这不是你所担心的，那我们就把这个担心扔掉，好吗？"

　　优优同意了，妈妈开始写，写完后，妈妈把她写的那些"担心"大声地读给优优听。

　　"你担心考不好会挨爸爸妈妈的批评。"

　　"怎么会呢，我考得不好的时候，爸爸妈妈从没批评过我，而是鼓励我，这点我不担心。"优优摇着头说。

　　"那好，我们就把这个'担心'扔掉。"说着，妈妈把那个小纸条揉成一团，扔在了旁边的纸屑筐里。

　　"你担心考不好老师和同学们会嘲笑你。"

　　"怎么会呢，每个人都有失误的时候，再说，我们班老师和同学们才没这么无聊呢，这点我不担心，赶紧扔掉。"

　　"你担心考不好走到大街上，路人会用异样的目光看你。"

　　"妈妈，路人怎么会知道我考得不好呢，太搞笑了，这点我更不担心了，赶紧扔掉。"

　　……

　　游戏结束后，妈妈看出来了，优优的心情放松了很多，她似乎真的把那些不必要的"担心"都扔掉了。

在考试之前，不管孩子平时的成绩是好是坏，他们都有可能产生一定的紧张情绪。这时，家长要想让孩子的情绪安定下来，就应该采用一些轻松的方法，像上面案例中优优妈妈采用的小游戏方式，孩子的情绪得到了放松，又从根本上让孩子对考试的结果有了更加深刻的认识。

当然，家长也可以引导孩子把自己心里的担心写出来或说出来，然后再想办法帮他们把这种担心"解决"掉。其实，**对于初中的孩子来说，有时他们自己也知道这种紧张情绪是没有必要的、多余的，但他们总是控制不住自己的情绪。遇到这种情况，家长只需让他们知道，他的同学也正在面临同样的问题就可以了。**

例如，一位家长这样对一个考前失眠的孩子说："睡不着觉没有关系，因为据权威调查显示，有80%的孩子都会考前失眠。想想看，你的同学也正跟你一样在辗转反侧，总也睡不着呢。"当这些孩子知道他们的那些"竞争对手"也同他一样睡不着觉时，他们的心情很快就会放松，紧张的情绪马上就会稳定下来。

（2）让孩子明白，在考试中减少失误，就是在接近成功

在考试的过程中，初中的孩子往往会出现很多失误：记错了考试时间、考试科目，准考证丢失，文具没有带全，考试当天吃错了东西……虽然这些都是小事，但正是这些小事，却使孩子的水平不能正常发挥。所以，要想孩子在考试中取得成功，减少考试过程中的失误就是很关键的一点。

具体来讲，在考试之前，或考试过程中，家长要引导孩子做到以下几点，才能保证考试万无一失地进行。

第一，把考试时间和考试科目记牢。

初中的孩子自尊心很强，如果他因为弄错了考试时间而使考试成绩一塌糊涂，他们会觉得很没有面子，有时还会因此陷入深深的自卑之中，从此学习自信心受到极大的打击。

所以，让孩子做好考试之前的准备，一定要先让他们把考试时间和考试科目记牢。一位聪明的家长是这样做的：临考之前，她让孩子把考试时间做成课程表那样的小卡片，用小夹子夹在孩子写字台的日历上。这样孩子再也不会把考试时间和科目弄错了。

第二，让孩子了解了老师的考察目的再去复习。

明天就要考地理了，可李凡还有很多内容没有背呢。怎么办？没办法，只能从头到尾慢慢背，能背多少算多少吧。结果，前面的内容老师没出几道题，而是把出题的重点放到了后面。从考场走出来，李凡就后悔地感叹道："唉，早知道老师出题的重点放在后面，就从后面开始复习了。"

这就是孩子没有弄清楚老师考察目的的一个典型案例。从老师的角度，我可以这样说，每一次考试，老师都会有很明显的考察目的——或者是考察近阶段的新知识，或者是考察孩子对知识的整体把握能力……所以，在考试之前的复习过程中，家长一定要提醒孩子，要在搞清楚老师的考察目的后，再进行有重点的复习，这才能取得事半功倍的效果。

（3）让孩子掌握必要的考场技巧

对于初中的孩子来讲，他们不能取得理想成绩的主要原因有两种：一是"考不好"，即孩子没有实力来应对考试，对试卷上的那些题目无能为力，这与孩子平时的努力程度及知识的积累有关；二是"没考好"，即孩子在考试的过程中没有把自己实际的水平发挥出来。

应对孩子"考不好"的情况，就需要家长在平时鼓励孩子多努力了，在这种情况下提高成绩需要一个长期的过程；而对付"没考好"，家长就必须在考试之前教孩子一些考试技巧了。

第一，告诉孩子，试卷发下来后，先把试卷大体浏览一遍。

很多孩子都是这样，试卷一发下来就开始埋头做题，试卷上到底有多少题，难易程度怎样，心里一点儿底都没有。结果经常会在比较难的题目上面浪费太多的时间，以至于后面有许多容易的题目都来不及做。

因此，家长应该告诉孩子，试卷发下来后，要先把试卷大体浏览一遍，这样就可以把握试卷的全局了。把握试卷全局的好处有三：

一是在浏览试卷后，趁记忆还没有模糊之前，先把那些会做的题目的答案写下来；

二是可以对考试时间做到心中有数，从而做到灵活把握；

三是可以避免试卷在正反两面都有题目的时候，孩子只做了一面的情况出现。

第二，告诉孩子，做题要按着先易后难的原则。

有的孩子做题就是按着从前向后的顺序做，遇到非常难的题目也会花费大量的时间思考，结果后面很简单的题目往往会来不及做；而有的孩子则不同，遇到有难度的题目马上会跳过去，等把会做的题目都做完之后，再来思考那些比较难的题目。安排考试时间的方法不同，孩子所取得的成绩自然也会不同。

我一向都是这样教我的学生安排考试时间的：

从考题的分值角度来考虑这道题目应该分配的时间，例如分值 4 分的题目约分配 3 分钟、分值 5 分的题目分配约 4 分钟、分值 12 分的题目约 9 分钟等。

当然，这并不是说实际答题的时候就一定要严格按照分配的时间机械执行。告诉孩子，可以根据难易程度对考试时间进行调节，但不应该超出这个时间范围太多。例如，一道分值 5 分的题目，本应在 4 分钟左右完成，但孩子想了 8 分钟还没找到解题思路，那孩子就应放弃这道题，而继续做后面的题目了。

第三，告诉孩子，看清楚题目的要求后再开始做。

在考试中，很多孩子会因为紧张或者马虎，常常是还没有看清楚题目的要求就开始答题。特别是那些选择题，题目的要求明明是让孩子选出"不正确的选项"，有些孩子偏偏看不到那个关键的

"不"字，所以答案与标准答案常常是截然相反。

还有一种情况，很多孩子常常把答案的位置写错，例如，一道语文题目是这样的：把成语补充完整，并把正确的答案写在后面的括号内。但很多孩子往往是直接把答案写在了题目中的空白位置上。不按要求做题，这在大型考试中，即使孩子的答案很正确，老师也不会给他们分数。

因此，做家长的一定要告诉孩子，做题时一定要多读两遍题目，把题目要求看清楚了再做题，这样就可以避免上面的错误再次发生了。

在学校，有关考试技巧方面的知识，老师们也会讲到，但这并不作为教学的重点内容。所以，要想孩子考取理想的成绩，还需要家长们在孩子考试之前，多给孩子讲解一些这方面的知识。

家长除了让孩子在平时加强努力之外，还要引导孩子总结考场经验和考试技巧。

1. 考试之前，千万不要让孩子搞疲劳战术。

2. 让孩子明白，在考试中减少失误，就是在接近成功。孩子在考试前出现的失误虽然往往是小事，但正是这些小事，却会使孩子的水平不能正常发挥。

3. 让孩子掌握必要的考试技巧。考得好，靠实力，也靠方法。这就是说，要想取得好成绩，除了需要扎实地掌握基础知识外，还需要具备较好的心理状态，讲究应试策略，注意答题的方法和技巧。

9 教孩子利用好考试的结尾阶段

考试结尾阶段时间虽短，对考试能否成功却也起着很大作用，利用得好，能大大提升成绩。

我的一位学生家长对我讲过一件事：

孩子考试总考不好，次次败北，拿过试卷一看，全是粗心惹的祸，那些复杂的数学题都会做，最简单的题却常出错；英语作文、阅读分数挺高，可前面的单词填空却忘了做。孩子挺聪明的，学习也非常努力，可老这么着，也不是回事儿，不知道该怎么办，孩子才能有所长进。

另一位家长也对我讲了这样一件事：

孩子脑袋瓜子还行，学习也很上进，可成绩却总是不尽如人意，问他怎么回事儿，他总会抱怨说时间不够，如果再给他点儿时间，他保证绝对不考这么差。

凭借我多年的教学经验，我分析，孩子出现这样的情况，大多是由于不善于处理考试的结尾阶段造成的。

考试的结尾阶段，一般有 20 分钟左右时间。根据我的观察，孩子在对待这段时间上大致有这么几种类型：

其一，无所事事。有的孩子做题速度非常快，很早就答完了所有的题目，到考试结尾阶段，常常觉得没事情可做，有可能就提前交卷了。

其二，手忙脚乱。有的孩子解题速度慢，或者时间没安排好，到考试快结束时，还有许多的题没有做，结果一慌张，都乱套了。

其三，有始有终。有的孩子能充分利用这段时间，查漏补缺，修正解题中所出现的各种失误。

这三种不同的情况，反映出的考试结果也不尽相同。无所事事型的孩子也许会考得好，但多数情况是考得差；手忙脚乱型的孩子考试结果往往很糟糕；有始有终型的孩子考试结果大多很理想。

为什么会这样呢？解题速度非常快，早早做完试题的孩子，如果解题的正确率高，那么结尾阶段无所事事或提前交卷的确也能考好；如果正确率不高，又不细心检查，去弥补错误，那么结尾时无所事事就非吃亏不可。那些手忙脚乱型的孩子，题都做不完，如何谈得上取得好成绩？而那些有始有终型的孩子，题做完了，又细心检查了，自然就考得好。

由此我们也不难看出这样一点：对有些孩子，也就是无所事事型和手忙脚乱型的孩子来说，**充分利用结尾阶段的剩余时间把失误降低到最低限度非常关键，它是一个有效提高考试成绩的途径。**

具体该怎么做呢？这得根据不同的情况来采取不同的战略，家长们可以教孩子这样利用考试的结尾阶段：

（1）无所事事型的孩子：认真做好检查工作

对于那些已经快速做完题的孩子来说，考试结尾的最后 20 分钟，千万不要闲着，把时间晃悠过去，而是应该把试卷检查一遍作为最主要的任务。

当然了，20 分钟时间非常有限，不可能把所有题目重做一遍，那么就要有所取舍了，完全有把握的题就不用再花时间，那些解题时觉得有疑问的地方则是检查的重点。

不同的科目检查的方式也各不相同，数理化要注意单位有没有、公式对不对、步骤全不全、结果准不准；史地政主要是看答题要点全不全；语文、外语则要注意字词的准确、句法的正确、语法的无误。

（2）手忙脚乱型的孩子：抓紧时间补救

遇到时间快到而题未做完的情况，首先要镇静，一慌乱紧张，有可能连最后一点儿时间也利用不上。这时候，可捡些分数多的题目、较易做的题目再做一些，把一些最关键的要点答上去，如数学题的解题公式、政治题的要点等，尤其是大题，一定不要空着，哪怕写几个字也行。

考试结尾阶段时间虽短，对考试能否成功却也起着很大作用，如果孩子们利用好了，考试成绩也就上去了。

头脑灵光且学习上进的孩子之所以考试考不好，有一部分原因是因为不善于处理考试的结尾阶段。具体而言，针对不同类型的孩子，家长可以教孩子采用不同的战略：

如果孩子解题速度快，早早就做完题，那么告诉孩子一定要做好检查工作；

如果孩子解题速度慢，时间没控制好，那么告诉孩子一定要镇静，抓紧剩余的时间多做几道题。

10 充分利用好"朋友"这个资源

在孩子探索知识的道路上，如果有"厉害"的朋友与他同行，那么站在别人肩上的孩子，就有了一个比较高的学习起点。

一次期末考试过后，一个成绩一直不怎么好的孩子居然考到班级前 10 名，对此，我感到很意外。

课下和这个孩子交流的时候，我忍不住好奇问他："你的'小宇宙'爆发了吗，一下子进步这么多?"

看着我吃惊的样子，这个孩子不好意思地告诉我："老师，其实我能取得今天的成绩和我同桌的帮助是分不开的。"

听了他的话，我恍然大悟，原来他能取得今天的成绩，是因为背后有个"帮手"。

他的同桌，我是知道的，不仅品学兼优，还是老师的得力助手。为人热心，很多孩子在他的帮助之下，成绩都有了很大的提升，为此他还被孩子们尊称为"小老师"。

我们大人都有这样的经验：身边的朋友是积极向上的还是颓废消极的，所带给自己的影响往往截然不同。和积极向上的朋友在一起，自己往往也会不由自主地积极向上、精神亢奋；和颓废消极的朋友在一起，自己也会不由自主地消极悲观。

一位老教师曾对我说过："朋友对孩子具有无穷的塑造、改造力。"仔细想想，确实是这样，相较于家长、老师对孩子的影响，同龄人之间的相互帮助往往能取得更不错的效果。

正因为如此，在平时和初中孩子家长接触时，我都会向他们传达这样一点：帮助孩子找一个"厉害"的朋友，朋友带给孩子的收获，将是家长所无法预料的。

（1）为孩子找一个患难与共的"战友"

在教学的时候，我经常会让孩子们自由组合成学习小组。当孩子意识到自己是集体的一员，自己学习并不孤单时，小组成员之间就会互帮互助，成为团结紧密的"战友"，卯足了劲儿和别的小组"较量"。结果到最后，每个小组的孩子的成绩都有大幅的提升。

在办公室和同事们交流教学经验时，有一些年轻的老师曾经这样问："为什么学习小组对于孩子的学习能起到这么大的作用呢?"

我认为，**孩子在这样的学习氛围中，会觉得自己是不孤单的、有倚靠的，有可以相互交流探讨的朋友，相互感染学习的热情，从而觉得学习是一件快乐的事，成绩提升上去也就很容易了。**

其实，这个道理很好理解。对于正处在叛逆期的初中孩子来说，让他一个人去做某件事，他不见得就会乖乖去做，但是，一旦他的同龄人中，有人做出了榜样，他也就会在不知不觉中受到影响，向着同龄人看齐。

正是因为初中阶段孩子有着这样的心理，家长为其找一位患难与共的"战友"，对其提高学习成绩，非常有必要。

对于这一点，一位 8 年级孩子的家长可谓是受益匪浅：

儿子墨墨上 7 年级时成绩总是在中等水平徘徊，望着儿子整天一副悠闲自在的样子，我是真为孩子的学习着急。恰好一个邻居的孩子是墨墨的同学，学习很好，我决定求助于他。邻居的孩子听我说得一本正经，很"仗义"地答应了。此后的日子里，邻居家的孩子学习、作业都会拉着墨墨一起做，起初，墨墨还不愿意和他一起学，可是看到同学那么热情，他又不好意思说自己不学。就这样过了一段时间，墨墨对待学习的态度有了很大的转变，再没出现过以前无所事事的样子，期末考的时候，居然考到了班级前10名。

看看，朋友的力量是无穷的吧？所以，聪明的家长，在孩子探索知识的道路上，不妨多给孩子找几个患难与共的"战友"，有他们同行，孩子会变得越来越优秀。

（2）替孩子寻一个齐头并进的"对手"

心理学上有一个理论叫做"鲶鱼效应"，原意是说挪威的渔民在捕获沙丁鱼满载而归的时候，会在鱼槽里放入几条鲶鱼，而这些鲶鱼恰恰就是沙丁鱼的天敌。有了鲶鱼的存在，沙丁鱼就不敢懈怠，时刻游动着，最后在渔船回到渔港时，所有的沙丁鱼都还活蹦乱跳着。

后来，管理学也引入了"鲶鱼效应"，许多企业为了提高企业效益，激活企业内部那些已经失去激情、动力、不思进取的员工，便纷纷从外面引进人才，也就是所谓的"鲶鱼"。看到"异己分子"夹杂其间，这些员工便会重燃竞争求胜之心，加强生存意识，提高工作激情。这样，企业就重新焕发了生机。

其实，对待孩子的学习，我们也可以学学挪威渔民，为孩子引入几条鲶鱼，也就是说，替孩子寻一个齐头并进的"对手"。**有了这个竞争对手的存在，更能激发孩子的好胜心理，为了赶超对手，孩子势必会更加勤奋，坚持不懈地奋斗，这样一来，成绩自然就上去了。**

我同事的儿子刚上初中时学习成绩不错，常名列年级前茅，但有点儿遗憾的是，他从来没有拿过年级第一。中考过后，出乎大家的意料的是，他成了所在学校的中考状元。

我们很多人都把功劳归在同事身上，说他在临考前给孩子开了小灶，所以孩子才能获得成功。但同事摇了摇头，说他从来就没有出过力，全凭孩子自己的努力。

我们大家都觉得不可思议，便找来同事的儿子询问取胜秘诀。

小伙子开口道："刚开始我也很苦恼，因为即使我的成绩很好，但几乎在所有的考试中，我都处于'下风'，第一名基本上被班上的另一位同学包揽。后来，我改变了这种消极的心态，以他为目标开始了奋斗。我想我可能不如他聪明，但是我能做到比他更勤奋，我不会的问题都去问他，了解了他的做题思路、方法，学习了他的分析问题的方式。没想到，在初中的最后一次考试中，也是最重要的一场考试中，我终于超过了他。"

有时候，"敌人"比"朋友"更能激发人的好胜心理，尤其是对于初中阶段的孩子来说。一旦孩子的好胜心理被激发出来，学习的动力也随之变得十足，成绩提升自然不在话下。所以，家长光是为孩子找一个患难与共的"战友"还不够，还要替孩子寻一个齐头并进的"对手"，这样做，无疑给孩子上了双重保险，为孩子成绩的提升增添了更多的砝码。

名师点睛

纵观孩子的一生，对孩子影响最大的人，除了家长、老师，就是他身边的朋友了。孩子身边的朋友如何，孩子也会相应如何，所以，家长帮助孩子寻找一些"益友"，对孩子的学习，将具有无穷的塑造、改造力。

1. 为孩子找一个患难与共的"战友"。有人一起奋斗，孩子才不会觉得孤单，才会更加的信心十足、勇往直前，成绩提升上去也就变得容易了。

2. 替孩子寻一个齐头并进的"对手"。有对手的日子，孩子才会更有战斗力，充满激情地去迎接每一次挑战。

第 五 章

初中 7–9 年级，如何应对孩子的学习难题

很多教育专家的研究都表明：学习遇到困难，会导致孩子信心大降，对学习失去热情，进而产生厌学情绪。

经过分析、研究，我也观察到，使孩子们产生学不下去甚至不想再学习想法的原因有以下几种：

有的孩子遇到自己学习的薄弱环节，也就是不擅长的学科，总怀有一种畏惧的心理，认为自己即使再怎么努力也学不好，因此每到上自己不擅长的学科的课时，便提不起兴趣，觉得学起来没劲儿。

有的孩子排名太靠后，就盲目地认为自己天生就不是学习的料，在学校也不过是虚度年华，还不如早点儿回家干点儿别的。

……

凡此种种，都是孩子们在学习过程中遇到的难题，而在面对各种困难的时候，他们都采取了同样的"解决方案"——逃避。

这时候，站在孩子后方的家长就要站出来，帮助孩子正视难题，积极采取措施解决、克服，将难题扼杀在摇篮里，不让它滋长。相信有了你的帮助，孩子一定能从"山穷水尽疑无路"，走入"柳暗花明又一村"。

1 关于偏科——找原因，对症下药

偏科如同偏食，我们只吃一种或某几种食物对健康都不利，学习知识亦同理。如果孩子只在固定科目上学得好，而某一学科却很差，那么铁定会影响孩子的成绩。

在和家长们的交流中，我常常会听到这样的抱怨：

"我的孩子语文学得很好，尤其是作文写得很好，常被老师当范文读，但数学却很差，排在了班级的后面，这可如何是好？"

"我家孩子头脑比较聪明，理科很见长，可对文科却很厌恶，着实让人头疼啊！"

"我家孩子只要一提到英语就害怕，这可怎么办？"

……

我有一个朋友，他的女儿正念 9 年级，他在跟我谈到他女儿的学习时止不住地唉声叹气：

女儿说她一看到化学，眼皮就打架，听到这样的话，我感到很惊讶。没想到，女儿升上 9 年级之后，在学习上碰到的第一个难题既不是适应不了更为紧张的节奏，也不是承受不了巨大的压力，居然是偏科，她很喜欢语文、数学、英语、物理，可是对化学，却怎么都培养不起兴趣。

其实，偏科在孩子中是一个非常普遍的现象，无论是小学、初中，还是高中，都存在着这样的问题，有人对小学生、高中生偏科现象做过调查，发现分别有 21% 和 70% 的学生偏科，从我本人掌握的情况看，初中生偏科的概率介于小学生和高中生之间。而且，即使是学习成绩好的孩子也无一幸免，或多或少都有偏科的现象。

不用我多说，相信家长们都知道，偏科对孩子的学习所造成的影响。如果孩子在初中阶段就出现了偏科的情况，将会直接影响他们的学习成绩，影响他们学习的信心，进而会影响孩子的升学。

偏科的孩子就像跛子，两条腿不一样粗，这样怎么能走好路呢？因此，对于孩子的偏科现象，家长应正确看待，赶紧采取措施，纠正过来。

事实上，要想帮助孩子尽快摆脱偏科的烦恼，家长只需做好以下两点就可以了。

（1）让孩子认识到偏科的危害性

从心理学的角度看，孩子偏科，并非是他们的智力差，也不是他们在某一学科上没有天赋，而是他们的心理在作怪，即因为对某一学科不感兴趣就不学，以及因为认识不到偏科的危害性而对瘸腿科目不加以重视，由此形成恶性循环。

因此，要想纠正孩子偏科，家长一定要树立这样一个观念：**不能让孩子不爱学就不学，要让孩子认识到偏科的危害性。**

一位 9 年级家长是这样让孩子明白偏科的危害的：

这位家长对孩子说："我们不妨用计算的方法来分析一下偏科的危害，语文、数学、英语 3 科满分都是 120 分，物理、化学、体育的满分分别是 100、80、50，每年重点高中的录取线大致是 510 分。我们做一个理想化的假设：语文、数学、英语 3 科每个科目都考 105 分，物理考 80 分，化学 65 分，体育 50 分满分，刚刚达到录取标准。而从目前的实际情况看，你的英语存在偏科现象，物理一般，那么，我们来估算一下你的成绩，如果你考了英语 70 分，物理 80 分，体育 50 分，那么，你的语文和数学都必须上 115 分，化学拿满分，才能达到录取线，这对你来说无疑是太难了。"

可以说，这位爸爸的做法非常棒，通过这样一估算、一分析，不用再过多地讲大道理，偏科到底对学习有多大的危害，孩子自己就明白了。

（2）摸清孩子偏科的原因，对症下药

孩子偏科的原因有很多，有些孩子是由于对某些科目有偏见，或者有畏惧心理，导致偏科；有些孩子是因为用错了学习方法，或者没有找到某一科目的规律，因而觉得这些科目很难学而偏科；还有些孩子对某一科目的老师有意见，影响了这一科目的学习而造成了偏科……

所以，家长们首先要帮助孩子找到偏科的原因，才能做到对症下药。对此，我总结出了一些应对措施：

◇ 孩子对某一科目有偏见和畏惧心理，家长要帮助孩子找到学习这一科目的乐趣。例如，孩子不喜欢学化学，家长可以帮孩子找到生活中一些有意思的化学现象，引导孩子喜欢上学习化学。

◇ 孩子用错了学习方法而导致偏科，家长可以引导孩子去寻找这一学科的学习规律。例如，历史这一科目的知识点很多，家长可以引导孩子把这些知识点"串"起来回忆。

◇ 孩子对某一科目的老师有意见而影响了学习成绩，家长就要做好孩子、老师双方面的沟通工作。例如，孩子不习惯老师的讲课方式，家长可以帮助孩子去适应这种讲课方式，家长还可以找老师沟通，聊一聊这种讲课方式是否存在弊端，是不是还有更好的讲课方式等。

……

相信在家长对症下药的积极参与下，每个孩子都会摆脱弱势科目，告别"跛腿时代"。

名师点睛

孩子如果有了不擅长的学科，就如同一项大工程中出现了小差错，家长千万不可抱有侥幸心理，及时帮孩子纠正才是明智之举。

1. 让孩子认识到偏科的危害性。孩子之所以偏科，是因为思想上还没有认识到偏科的危害性，当他意识到这一点时，就会转变旧有的错误思想，而表现在行动上就是积极补"短"。

2. 摸清孩子偏科的原因，对症下药。除了思想方面的原因，造成孩子偏科的原因还有很多，如果家长能够帮孩子找到原因，并对症下药，那么孩子就会摆脱弱势科目，告别"跛腿时代"。

2 内容太难——逃避不能解决问题

有时候，孩子就如同沙漠里的鸵鸟，当风暴（困难和挫折）来临时，下意识的想法就是逃避。这时，家长有必要告诉孩子，逃避不是办法，只有勇敢地面对才能品尝到胜利的果实。

开学还不到一个月，一位孩子刚上 7 年级的家长就来找我，说是要给孩子退学，我感到很惊讶，就问他为什么，这位家长很无奈地向我转达了孩子想退学的理由："刚开始的时候，孩子一心想把学习搞好，可是学着学着发现，课程内容太难了，根本就无法继续学下去。尤其是数学和英语，那么多的公式、定理和语法，要全部记住并掌握，对于他来说，实在是吃不消。而且，上课时老师所讲授的内容，他一点儿也听不懂，就像在听天书，课后做练习，更是无从下手。"

其实，这个孩子所经历的正是多数刚升入初中的孩子都会遇到的问题，为什么会出现这种现象呢？这是由小学和初中的差异造成的。小学学习课程少，内容相对简单，这对大部分的孩子而言，学起来并不吃力。而进入初中后，科目增多了，内容的难度也提升了很多。许多孩子适应不了这种巨大的转变，学习起来就会感到非常吃力，难免就会产生厌学的情绪。

而事实上，这是一种再正常不过的现象，是每一个进入新的学习阶段的孩子都要经历的一个过程。跨过这道坎儿，以后的学习就会很顺利，孩子就会觉得越学越有劲；跨不过这道坎儿，孩子就会始终认为学习太难，进而失去学习的信心。

鸵鸟在沙漠中行走，每当遇到风沙，都会把头埋进沙子里来逃避，等风沙过去抬起头时，却发现已是满目荒凉，早已没了来时的风景。

有的时候，我们的孩子就如同那只沙漠里的鸵鸟，在学习的过程中，当风暴（困难和挫折）来临时，下意识的想法就是逃避。

而逃避的结果呢？就像错过了美丽风景的鸵鸟一样，永远也体会不到学习的乐趣，品尝不到胜利的果实。

的确，逃避与面对现实相比，要容易得多，但是所付出的代价也相应的要多很多。一味地逃避，只会大大加强孩子的恐惧心理，恐惧将永远存在，一直伴随着他，扰得他不得安宁。而勇敢地面对现实，就能战胜恐惧，获得永远的宁静。家长们，两者相比，你是愿意选择让孩子永远不得安宁还是永远宁静？我相信绝大多数的家长都倾向于选择后者。

因此，当孩子向你抱怨学习内容太难而想放弃时，做家长的不能顺从孩子的想法，你应该向孩子传达这样一种信息：这小小的挫折，不是你逃避的理由，而应该是你进取的动力。一步一步慢慢来，勇敢地战胜、克服它，到最后，你会发现，其实内容并非你原先想象中的那样难，而且会越学越简单。

名师点睛

学习内容太难是每一个进入新的学习阶段的孩子都要经历的过程，但这并不能成为孩子逃避的理由，相反，这应该是他进取的动力。当孩子因为学习内容太难而想要逃避放弃时，家长要及时站出来，和孩子一起面对困难，帮助孩子勇敢地克服、战胜它们。

3 成绩提高太慢——帮孩子克服学习焦虑症

学习就是一个等待的过程，慢的艺术，所以要有耐心，要"温火慢炖"，这样成绩才能逐步提高。

一位家长曾写信给我：

今年中考，孩子落榜了，没有考上重点高中。在无可奈何下，他选择了复读，并且发誓一定要考上重点高中。可是，入学之后的几次考试，他都考得不理想，他很着急，认为以目前的学习状态根本就没有办法实现复读的目标。现在他晚上常常会做梦，梦见自己又落榜了。

平时也常有孩子来办公室找我："老师，我是从心底想把成绩提上去，可是不管我怎么努力，成绩总是没有多大的起色，你能帮我找到一条通向成功的光明大道吗？"

在教学过程中，我观察到，很多孩子都面临着这样一种现状："慢"，成为了最常见的造成孩子焦虑的原因——学习进度太慢了，成绩提高太慢了……于是，孩子就变得很着急，为了要找到"金山"，就完全忽视了自身与客观的实际，为快而快，为求快而失去理性，结果欲速则不达，最后弄得对学习越来越缺少兴趣和信心。

我曾教过的一个孩子，英语学得很不好，为了能够尽快学好英语，把所有的内容都记住，达到脱口而出的程度，她天天都在读课文、背单词。结果如何呢？这样疯狂地学习了一段时间，也没见有多大的成绩，而且，她渐渐对英语学习失去了信心，再也提不起学习的兴趣了。

采用类似做法的孩子大有人在，在学习的过程中，许多孩子嫌成绩见效太慢，经常给自己定下一个目标，规定要在多长时间内攻克难关，而为了达到目标，又强迫自己每天该如何学习，怎样学习。这样混乱的学习状态，模糊的学习目标，不切实际的学习方法，所带来的结果可想而知。

事实上，做任何事情都应该有个循序渐进的过程，不知家长们是否还记得小学时学过的成语"揠苗助长"，禾苗从插入田里到收获，需要从春天到秋天这么漫长的时间，而庄稼人不懂这个规律，急于求成，到田里拔高麦苗，结果麦苗全都死了，庄稼人颗粒无收。

孩子的学习也是同样的道理，开始学习到取得成功的过程就是从插秧苗到收获的过程，这是要靠积累的，一步一步地慢慢来，急不得。

因此，如果孩子在勤奋学习之余，成绩却没有多大的起色，家长要告诉孩子不要灰心，并帮助孩子克服这种学习焦虑症。

那么，如何克服学习焦虑症呢？很简单，告诉孩子要有耐力。

什么是耐力？就是给自己时间，不心烦气躁。心急吃不了热豆腐，心急更难取得好成绩。任何一个艺术家都知道，艺术品没有速成的。学习也如此，它就是一个等待的过程，慢的艺术，所以要有耐心，要"温火慢炖"，这样成绩才能逐步提高。

我接触过的一个孩子，现在是某重点大学的学生，提到他的初中学习，他这样回忆道：

我上初中的时候，成绩也不突出。爸爸告诉我，不要灰心，也不要焦虑，一步一步慢慢来，慢慢地积累，力争每次进步一点点，每次考试多得一分，多提高一个名次。我按爸爸教的去做，效果就出来了：刚开始老师同学谁都没注意到我，结果到了中考的时候，我却拔得了头筹，考入了重点高中。

哲学唯物论上有个观点：事物变化有个从量变到质变的过程。

这就告诉我们，成绩提高太慢不足以使孩子产生焦虑，也不是孩子该关注的重点，孩子所要做的是继续努力，当他"量"积累得足够多的那天，也就是他迎来"质"的飞跃的那一天。

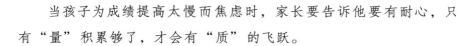

名师点睛

当孩子为成绩提高太慢而焦虑时，家长要告诉他要有耐心，只有"量"积累够了，才会有"质"的飞跃。

4 成绩起伏很大——理解并引导孩子

对于绝大多数孩子而言，考试成绩始终保持在一个绝对的水平上是不可能的，所谓的"常胜将军"实际上也是不存在的，每次考试成绩总会有升有降。

在一次家长会上，一位家长很忧虑地对我说：

孩子的情况真让人揪心呐，他的学习成绩一直挺不错的，可现在却像正弦波一样，忽高忽低，总是不稳定，比如最近的一次数学测验，平时都能考 100 以上，这次竟然才考了 80 多分。孩子自己很难过，我也不知道怎么办。

孩子的成绩出现浮动，其实是一个再正常不过的现象，对于绝大多数孩子而言，考试成绩始终保持在一个绝对的水平上是不可能的，所谓的"常胜将军"实际上也是不存在的，每次考试成绩总会有升有降。我从事教育工作这么多年，还没有教过一个孩子的成绩是一直上升的，也没有教过哪个孩子的成绩是一直下滑的，所有的孩子都处在波动中。

我也可以打这样一个比喻，**孩子的学习犹如万米长跑，成绩的波动就好比跑步的速度**，一般情况下，**再优秀的运动员也不会在万米长跑中每圈都处于第一的位置**。学习中也是这样，孩子的成绩波动很正常。

那么，作为家长，该如何应对孩子成绩波动的现象呢？我有一个好的建议：你可以告诉孩子，"波动"是上升的前奏。

一位爸爸在这一方面就做得很成功：

最近一段时间，孩子的成绩很不稳定，一会儿升一会儿降的，着实让人担心，孩子自己也苦恼不已。一天吃过晚饭，我把孩子叫到书房，对孩子说："你最近一段时间的学习情况，我大概有了一个了解，你很郁闷，爸爸也看出来了。其实，面对成绩的波动，你完全没有必要担心。上次开家长会的时候，你们老师也说，成绩波动是很正常的现象。"

说到这里的时候，我看到孩子的眼里忽然放出了光芒。我又接着说："事实上，成绩的波动并不等同于退步，而往往是上升的前奏。出现了波动，这对你而言，正是一个'天赐良机'。你尝试着分析一下最近几次考试，为什么这次考好了，下次却没有考好，是态度出了问题，还是学习方法不对。然后，根据分析的情况总结出问题所在，从而加以改正。这样，下次考试的时候一定能够取得好成绩。"

结果正如我预言的，下一次考试孩子的成绩明显上升了很多。

对于这种"过山车"式的孩子，家长不要着急。你着急，孩子也会跟着着急，这样，孩子就难跨过这一关。上面事例中爸爸的做法就值得家长们借鉴，面对孩子波动的成绩，他首先做到了心态上的平稳，并告诉孩子成绩波动是一种非常正常的现象，从而给孩子吃了一颗定心丸。

接下来，他又告诉孩子，成绩波动并不等同于退步，反而是上升的前奏，对孩子而言是一个契机。最后，他引导孩子根据自身的情况，分析成功或失败的原因，好的继续发扬，不好的及时改正。这样一来，孩子又充满信心地上路了，往后的考试成绩自然会很出色。

名师点睛

孩子成绩起伏很大，家长用不着着急，你急，孩子也急。实际上，成绩波动并不等同于退步，反而是上升的前奏，当你把这个讯息传达给孩子时，你会发现，孩子重新获得了自信，成绩明显上升了。

5 排名太靠后——倒数第一也不可怕

成绩排名靠后的孩子是最易破碎的瓷器，家长一定要小心呵护他们，千万不可摔打他们。

前不久我家隔壁新搬来一户人家，那家的女主人不知从哪里打听到我是中学老师，于是才把新家收拾好就迫不及待地来拜访我："我家孩子今年上 8 年级了，可学习成绩非常糟糕，考试几乎每次都垫底，你说该怎么办？"

排名太靠后的孩子，心理负担其实是最重的，他们怕老师批评、瞧不起，父母责难，还有同学的嘲笑，他们所承受的心理折磨要比其他孩子多得多。所以在平时我常常对那些孩子排名靠后的家长说："你的孩子是同龄人中最痛苦的学生，你不要看他们不学习，不要看他们学习不在状态，其实他们内心很痛苦，他们也非常想学好，在班里他们老是排名靠后，他们内心有一种自卑，所以心理负担很重。"

接着我又对这些家长说："你们的孩子现在是最易破碎的瓷器，你们要小心呵护他们，千万不可摔打他们。"

这次这位妈妈来找我，我又把以前对我的学生家长说的话重复了一遍，最后给她支招："你回去告诉孩子，排名太靠后并不可耻，即使是倒数第一名也不可怕。"

为什么这么说呢？因为倒数第一，说明孩子在班上进步的余地最大，只要孩子加把劲儿，奋起直追，就会有上升的空间，考个正数第一也说不定。

也许有的家长会觉得这话有些可笑，倒数第一怎么可能蹦到正数第一，神仙都办不到。家长们千万别不信，这不是天方夜谭，还真有这样的事存在。

在我执教的学校，某年中考一个平时学习成绩平平的孩子以黑马之姿杀出重围，成为了中考状元。这件事当时轰动了整个学校，震惊了包括老师、家长与学生在内的所有人。

在毕业典礼上，这个孩子被邀请上台做了一个学习经验报告。第一句话他是这样说的："刚进这个学校的第一次考试，我得了班上倒数第一。"台下顿时骚动起来，大家都是一副不可思议的表情。他又接着说："那时候，我差点儿崩溃，也曾有过退学的念头。但是后来我改变了这种消极的想法，我想我一次考了倒数第一，并不意味着我永远都是倒数第一，只要我努力，一定会摆脱这个倒数第一。抱着这种想法，我发奋努力，结果在第二次考试中前进了几名。这次考试的结果也验证了我的想法是对的，于是我继续以拼搏的姿态，投入到学习中，最后我成功了。"

所以，孩子排名太靠后，家长不要灰心丧气，就此认为孩子前途无望，如果你这样想了，那么我可以毫不客气地说，你的孩子真的没什么希望了；如果你换个角度，对孩子说："你成绩向前发展的空间是多么的宽广，孩子，我相信你，你是最棒的。"有你这句话，孩子定会加倍努力，奋起直追，结果也一定会带给你惊喜。

名师点睛

孩子排名太靠后并不可耻，即使是倒数第一也不可怕，这说明他还有进步的余地，只要加把劲儿，奋起直追，就会有上升的空间，指不定还有考正数第一的可能。

6 关于请家教——根据孩子的实际情况而请

请家教大有学问，请对了，能极有利地帮助孩子；请错了，有可能害了孩子，甚至比不请还糟糕。

一位 8 年级孩子家长找我咨询："孩子的功课一天比一天难，我自己难以辅导他了，而且不久以后他就要升入 9 年级，我准备给他请家教，但是家教该怎么请呢？"

无独有偶，一位孩子刚升入初中的家长也提出了类似的问题："由于工作和家庭的原因，我没有足够的时间和精力辅导孩子，想给他请家教，应该请什么样的家教呢？"

还有一位家长很迷茫："孩子的数学成绩很糟糕，常常拖后腿，同事建议我给他请个家教，我也有这方面的想法，却不知道该怎么请？"

对于今天的初中生来说，家长为其请家教似乎已经是见怪不怪了，孩子的成绩亮起了红灯，家长工作太忙没时间辅导，家长的学识不足以辅导孩子……这些都成为了家长为孩子请家教的理由。

作为一名老师，我虽然不赞同家长们的这种做法，但也能够理解家长对孩子的关爱以及焦急的心情，只不过我要提醒家长们，在为孩子请家教之前，一定要明确这样几点：

第一，学校常规教学才是"正餐"，家教是"营养剂"。

要提高孩子的学习能力及成绩，最根本的方法是应吃好"正餐"即学校的常规教学，然后根据个人需要适度地补充"营养"，如果本末倒置，颠倒主次顺序，那结果往往事与愿违，学校学习没搞好，家教的作用也没发挥出来。

第二，先征询孩子的意见。

孩子在学习过程中，最忌讳的就是"牛不喝水强按头"，如果孩子本身不愿意学习，完全是被家长"赶鸭子上架"，这样请家教相当于白请。

一位家长就曾后悔地对我说：

孩子上 9 年级时，我希望他能在考前再打一次强心针，于是没经过他同意就为他请了一个家教，其实孩子本身就没有学习的愿望，请了家教以后更加排斥学习了，常常无故旷课，甚至直接逃课，即使身在教室也是睡觉，家庭老师的辅导也不听，结果最后还是没考上高中。

请家教，孩子是最直接的关系人，所以家长不可固执己见，一定要征询孩子的意见。

明确了这些，接下来我们来谈谈如何帮孩子请家教的问题。请家教大有学问，请对了，能极有利地帮助孩子；请错了，就有可能害了孩子，甚至比不请还糟糕。

（1）视孩子的情况而定

究竟该不该给孩子请家教，我认为家长们可以参考这样一个标准：视孩子的情况而定。

一位家长就因自己的盲目而付出了"昂贵"的代价：

孩子小学时成绩很差，邻居同班的强强因为家长给请了家教成绩非常优异，为此我常常很后悔，要是当初我也给孩子请个家教，说不定他就能和强强不分上下了。孩子升上初中后，我学乖了，为了不让他再输在起跑线上，我给他请了家教，专门对他进行课外辅导。但是，3 年下来，效果并没有与我付出的金钱成正比，反而成了反比，我花的钱越多，孩子的成绩越差。

为什么给孩子请了家教，却没收到一点儿成效呢？这个孩子是我曾经教过的一个学生，他的情况我非常了解，这孩子的学习主动性很差，说白了他压根就没有学习的愿望，由此我们大概明白了请家教失败的原因，孩子本身就没学习的兴趣，请了相当于白请。

另一位家长是这样做的：

我的孩子自小酷爱学习，从小学 1 年级起学习成绩一直都不错，孩子进入初中后，看到别的家长都为孩子请了家教，我这做妈妈的也曾考虑是否给他请家教，但权衡再三，最终还是没有给孩子请。

结果，我的做法是对的，虽然没请家教，孩子仍凭一己之力考上了重点高中。

为什么没给孩子请家教，孩子依然这么出色呢？这个孩子也是我曾经教过的一个学生，他学习有兴趣，平时对自己的学习抓得很紧，从来不用别人督促，在这样一种学习状态下，请家教无疑是多此一举。

从上面两个事例比较中不难看出，请不请家教，得视孩子的情况而定，如果孩子的自身情况不适合请，那请了也起不到任何帮助作用。

也许有家长会问，有没有具体点的参考标准，也就是说如何视孩子的情况而定呢？家长可以根据孩子的学习成绩和学习主动性来分析，主要有以下四种情况：

◇ 如果孩子的学习成绩已经很优秀，学习主动性也高，家长就没有必要给孩子请家教。请了可能会扰乱孩子自身的学习习惯和计划，而且，有个人在旁边监督他，也许会造成他反感学习。

◇ 如果孩子学习成绩好，但学习主动性不高，那么家长也不用给孩子请家教，只需要多督促孩子学习就可以了。

◇ 如果孩子学习成绩比较差，但学习的主动性比较高，那么家长可以考虑给孩子请家教。这样的孩子，上升的空间一般都很大。

◇ 如果孩子学习成绩比较差，学习的主动性也不高，家长就不用给孩子请家教。这类孩子属于对学习毫无兴趣的那一种类型，即使请了家教作用也不大。

总之，孩子学习成绩好，学习自觉，家长就不用给孩子请家教；孩子学习成绩不太好，学习不太自觉，家长可以为孩子请家教。

（2）不能"全面开花"，请两个足矣

提到请家教，我发现，许多家长的做法非常盲目，一点儿也不科学。下面一个例子是我刚刚遇到的，很有代表性：

周末去一个朋友家做客，正巧碰到一个外国语大学英语系的高材生来给朋友正上初中的孩子补英语，两个小时过后，孩子刚结束英语辅导，另一个某重点大学经贸系学生就进门了，来给孩子辅导数学。中午吃午饭，孩子随便扒拉两口，扔下碗急匆匆出了门，朋友解释说孩子要去为他请的老师家上课，一共有两家，分别辅导语文和物理。晚上开饭前，孩子终于回来了，一坐在饭桌前就狼吞虎咽地吃起饭来。

我问朋友孩子的辅导情况怎么样，他叹了口气说："别提了，我很纳闷，一点儿效果都没有，孩子经常喊累，一到周末就不高兴，嘟着个嘴，你是老师，你给我分析分析。"

现实生活中，类似我朋友这样的家长不在少数，为了帮助孩子全面提升成绩，往往不惜工本一搏，给孩子各个学科都请家教，结果这种全面开花式的补习，孩子的成绩不但没有提升的迹象，还越学越糟糕。

为什么会出现这样的反效果呢？初中生学业繁重，算下来休息的时间并不多，如果家长再给孩子请多个家教，那孩子休息的时间就更加少之又少了，长此下去，孩子因得不到充分休息而疲劳过度，由此出现"外边请家教，课上睡大觉"的现象。这样一来，孩子的学习形成了一个"课后补课——课上睡觉——再课后补课"的恶性循环，到头来什么也没学到，成绩何来提升一说。

所以，给孩子请家教，家长不能门门都请，"全面开花"，让孩子学校学习和家教补习两条线同时作战，一定会吃不消，结果顾此失彼、两头落空。

那么，应如何给孩子请家教，才能达到提升孩子成绩的目的呢？一位爸爸分享了他的经验：

当我在饭桌上提起要给孩子请家教时，遭到了孩子的强烈反对，他觉得凭他的能力完全可以自力更生，但经过我和他妈妈的说服，他愿意让我们请两个家教。

孩子的数学一直都不错，如果加把劲，超 110 甚至拿满分都没问题。孩子的数学老师不错，课讲得很好，和他联系后，他也希望心爱的学生能有好成绩，于是爽快地答应每周给孩子开两次小灶。孩子的语文较差，从小学起一直就不是强项，尤其是阅读和作文这两块，常常影响到成绩，我给孩子找了个专职老师，专门辅导他的阅读和作文。

我们可以把这位爸爸分享的请家教方法归纳为这样一点：**请两个家教，分别辅导孩子的弱科和强科。**

补课应是缺啥补啥。的确，考试是各科总分的比拼，任何一门科目瘸腿都会影响到总成绩，反过来推导，如果通过补差治好了瘸腿，那么总成绩也就上去了。因此，对孩子的弱势科目，家长可以请一位家教来辅导，这种"一对一"的方式能有力地帮孩子一把。

另外，请家教来辅导孩子的强科，能起到"再拔高"的作用，就以事例中的孩子为例，孩子数学本来就不错，再一补，无疑是如虎添翼，节节拔高。因此，对孩子的强势科目，家长可以另外请家教为孩子"开小灶"，这种方式能帮助孩子更上一层楼。

总而言之，给孩子请家教，家长不能门门都请，"全面开花"，最理想且最有效的做法是请两位老师，分别辅导孩子的弱科和强科，这样能帮助孩子获得最大程度的上升空间，为考试增添强有力的砝码。

为初中生请家教在一定程度上的确能帮助其提升成绩，但不切实际、盲目地请却会害了孩子，在这种情况下，"有"甚至比"没有"更要糟糕。要想切实帮助孩子，家长可以这样做：

1. 视孩子的情况而定。有的孩子适合请家教，有的却不适合，孩子到底适不适合，家长可以以孩子的学习成绩和学习主动性为依据。

2. 不能"全面开花"，请两个足矣。根据孩子的情况，没有必要门门都请，只需要为孩子"补弱"和"补强"，就能达到提升成绩的目的。

7 不喜欢某位老师——消除孩子对老师的抵触情绪

孩子是否喜欢某个学科老师，这与他是否对这门学科感兴趣有很大关系，如果孩子不喜欢这一学科的老师，他就会对这一学科产生抵触情绪，也许要因为短暂的"不喜欢"，而要在日后付出"多倍"的努力。

一位家长来办公室找我，他是带着一个问题来的：

孩子升上初中才半年的时间，这半个学期下来，通过平时的小测验，我发现孩子的数学成绩直线下降，从最初的 90 多分降到 80 多分、70 多分，期中考试竟然只考了 68 分。班主任老师把我叫到了学校，跟我反映孩子在上数学课的时候根本就不听讲，要么跟同学说话，要么就看其他科目的课本，要么就自己在纸上画画，作业也不好好做，经常有的题没写完就交上去了。

我非常生气，但是也很疑惑。在小学，孩子很喜欢数学，上超市时还跟在我屁股后面算账，听了数学家的故事后还扬言也要当数学家，现在怎么连课都不听？回到家，我把孩子批评了一顿，还没等我说完，孩子就冲我嚷嚷："我讨厌数学老师！我一辈子都不想学数学。"

孩子因为不喜欢老师进而导致成绩下降，这其实是一个非常普遍的现象。因为不喜欢某位老师，对某位老师存有敌意，就不喜欢上这位老师的课，也连带着对该科目排斥起来，成绩可想而知。

作为家长，我想大概没有比听一个孩子说："我讨厌××老师，我不想上他的课！"这样的话更令你烦恼的事情了。因此，当孩子放学回家，抱怨他的老师如何如何不好的时候，我们就该采取行动了。

那么，我们该做点儿什么呢？最有效的办法就是消除孩子对老师的抵触情绪。

一位妈妈这样分享她的经验：

有时候，孩子对老师的理解会有偏差，这就需要家长想办法改变孩子对老师的看法。一次女儿说，她不喜欢班主任，因为老师要求太严格。乍听这话，我心里一惊，她的班主任是位很优秀的老师，要求严格未必不是好事。我严肃地告诉她，这样说，老师会伤心的。为了缓和气氛，我抽时间给孩子讲了"严师出高徒"的道理，还告诉她，孩子在家中和在学校受到的教育是不同的，老师面对几十个孩子，为确保学生养成各种良好的习惯，必须从每一件小事抓起，自始至终从严要求。我还问她："那次你生病落下功课，老师不是也牺牲休息时间给你补课了吗？你看老师对你多好！"女儿想起了老师补课时的辛劳，慢慢低下了头。

一位爸爸是这样做的：

孩子下午回来一副闷闷不乐的样子，我急忙迎了上去："这是咋啦？""老爸，我们美丽的英语老师出国了，三五年之内不会回来了，今天新换了一个，我们很多同学都不喜欢他。""原来是这么回事啊。你觉得他哪里不好了？""这倒没有发现，反正就是不喜欢他。""这样吧孩子，你先去跟这位老师多沟通几次，等过段时间咱们再来谈这事。"

过了一段时间，我问孩子还排斥新老师吗，孩子高兴地对我说："其实他挺不错的，和前任老师差不多，爱说爱笑，幽默感十足，教学经验丰富，现在我们大家都渐渐喜欢上他了。"

倘若问孩子为什么不喜欢老师，他们可以举出几十甚至上百种千奇百怪的理由，比如不喜欢老师的长相，老师的发音不标准，老师很严厉，老师当众批评了他，老师……也许家长会觉得孩子的理由不可思议，但不管怎样，这都会对孩子的学习成绩产生影响。

　　说难听一点儿，孩子排斥老师，其实对老师根本就没有任何影响，但是对孩子而言，问题就大了。**排斥老师，孩子就无法得到老师最及时、恰当的指教，孩子就少了一位学习道路上重要的引路人。**所以，假如孩子对家长说不喜欢某位老师时，家长一定要想办法消除孩子对老师的抵触情绪。

　　孩子对自己所喜欢的老师所教的科目往往学得好，而对自己不喜欢的老师所教的科目往往因逆反心理而厌学，从而在很大程度上影响学习的效果。

　　因此，当孩子出现不喜欢某位老师的迹象时，家长务必要在第一时间消除孩子对老师的抵触情绪。

第 六 章

生活中影响初中孩子学习状态的那些事

孩子学习兴致不高，没有状态，除了主观方面的原因，来自客观方面的因素——一些生活中常发生在孩子身上的事，同样会给孩子的学习造成一定的影响。例如：有的孩子沉迷于网络而耽误了学习；有的孩子过早进入"恋爱"阶段而无心学习；有的孩子跟着"坏孩子"学坏了，变得不关心学习；有的孩子与同学相处不融洽，由此不愿意踏入学校……

对于这些事，家长切不可放任不管，要知道，小事虽小，也有毁了孩子的能耐。

既然要管，那么应该如何管呢？大体方针可以用一个字概括——疏，而非堵。这一时期的孩子，逆反心理非常强，如果家长采用强硬的手段，那么孩子一定会与家长对着干，结果家长不仅目的没有达成，反而适得其反。

那么，如果要靠"疏"，又该如何"疏"呢？你可以从本章中找到答案。

1 网络成瘾——不能靠"堵"，要靠"疏"

再严密的网也会有漏洞，"堵"得再严实也能让人有空子可钻，只有以"疏"为主导才能从根本上解决问题。

一天，一位妈妈跟我聊起了自己的孩子，谈到孩子的近况时，这位妈妈忧心地对我说：

近年来，孩子们因网络游戏而耽误学业，甚至走上犯罪道路的案例频频在身边上演。一想到儿子现在的状态，我的心里就很慌张。孩子本来非常聪明、懂事，但自从对网络游戏上瘾后整个人都变了，经常晚回家不说，现在回到家里很少与我们说话，学习成绩也一落千丈。

我还听一位家长讲过一件关于他女儿的故事：

最近我发现女儿网恋了，每天她都在网上泡几个小时，聊天的对象都是同一个人，下了线还要打电话，一打就打到半夜，孩子的学习成绩在大幅下降，已经从班上前列滑落到中下游。看到孩子变成这样，我真不知道怎么办？

在与家长们沟通的过程中，我也发现，现在越来越多的家长都在为孩子过于沉迷网络而感到伤心和焦虑。

的确，自从网络踏着科技浪潮"横空出世"到现在，"上网热"已渐成气候，许多初中生乐此不彼，对上网表现出浓厚的兴趣，成为上网的生力军，说他们网瘾成灾，一点儿也不过分。据中国青少年网络协会提供的数据显示：目前，城市上网小学生比例为 25.8%，初中生为 30％，高中生为 56％，其中，上网成瘾的青少年网民高达 10％－15％。

面对中学生的网瘾行为，我们应如何进行预防和矫正呢？针对这个问题，我曾采访过不少"谈网色变"的家长，他们可谓出尽了各种各样的"奇"招：有的做起专职司机，天天接送孩子上下学；有的准点计时，要求孩子必须在某个时间点内回家；有的减少了孩子的零花钱；还有的故意把家里的电脑弄坏或送人。

这样的严防死守，有没有起到良好效果呢？很多家长都表示事实是情况不但没有好转，还变得更为严重了。是的，我也观察到，许多家长用心良苦采取的各种"积极行动"不但让自己的努力无果，还让孩子越陷越深。

为什么会这样呢？即使再严密的网，也会有漏洞，家长们上有政策，孩子们就下有对策：家长天天盯着孩子，孩子就逃学，趁上课的时间玩儿；家长控制孩子的零花钱，孩子就省吃俭用，把钱省下来玩儿；家里的电脑坏了、送人了，孩子就到网吧玩儿。此外，青春期的孩子是很叛逆的，家长越不让他们做的事情，他们越想做，一旦他们的逆反情绪被激起，家长的干涉只能让孩子更加沉溺于网络。

这样看来，家长的"堵"并不是一条杜绝孩子上网的绝佳路径。那么，家长应该怎么做，才能让孩子不再沉迷网络呢？可用一个字概括：疏。在多年的教学过程中，我也接触过不少网瘾孩子，在我和家长们的耐心疏导下，多数孩子都脱离了网络。在这个过程中，我总结出了几条经验，正在为孩子痴迷网络而着急的家长们可以参考、借鉴。

（1）应对网络游戏——培养孩子广泛的兴趣爱好

心理学家曾指出，孩子沉迷网络，实际上是因为现实生活太孤单。我很赞成专家的观点，一个孩子如果长期沉迷于网络不肯出来，以至于成为一种病态，那是因为网络外的世界让他感到乏味。我始终坚信这样一点：使孩子堕落的不是网络本身，而是心灵的空虚。

我曾和一个沉迷于网络游戏的孩子聊天，当我问他迷恋网络的原因时，他是这样回答我的：

爸爸妈妈生意忙得不可开交，成天早出晚归的，常常是他们早上出门的时候我还在睡觉，晚上回来我已经睡着了，一个星期也难得碰上几次面，更别提交流了。而为了打发无聊的时间，我就开始玩儿网络游戏，只有在游戏的世界里，我才不会觉得孤单。

一个孩子曾在一个论坛里发出了这样的感慨："都说我们是幸福的一代，可又有谁知道我们的孤独呢？"

听到这样的话，家长们一定会说孩子是在无病呻吟。其实，事实并不是这样。现在的孩子大部分都是独生子女，缺少玩伴，玩耍方式太单调贫乏，再加上父母因忙于工作而没有时间顾及孩子的课余时间，无事可做且孤独的孩子只好将目光投向了网络。

至此，我们就得出了一个杜绝孩子沉迷网络的整体方案，那就是**培养孩子广泛的兴趣爱好，当孩子有事可做，注意力被转移之后，他就没有过多的精力再顾及网络了。**

作为一名老师，教育这方面的孩子，我有很大的优势。我曾在班里建立了一个网站，让那些精通网络的孩子们管理这个网站，这样他们的注意力就从网络游戏中转移出来了。实践证明，教育网瘾孩子，这种"注意力转移法"很有效果。

小光是个网瘾孩子，他的家庭条件不好，为了打游戏，他经常骗爸爸的钱，因此搞得父子关系很紧张。班级网站开通后，我让他负责网站的视频版块。自从他用 DV 记录了爸爸一天的工作和生活之后，他了解了爸爸赚钱的艰辛，理解了爸爸的不易，从那以后，他彻底远离了网络，变成了一个勤奋好学的好孩子。

李磊也热衷于网络游戏，为了打游戏，他几乎每天都在网吧里过夜，家长都要对他无奈了。班级网站开通后，我让他负责网站的

"互通有无"栏目，在"工作"的过程中，李磊与很多同学都建立了很深的友谊。因为在网站中体验到了乐趣，李磊也渐渐不再去打网络游戏了。

一位家长的做法也很棒：

7年级暑假，孩子迷上了上网打游戏，有时候一玩儿就是一天，喊他吃饭都懒得搭理。我在着急的同时，也自我反省认识到了自己的疏忽。是啊，我常常因为工作太忙，忽略了对孩子的关心。

于是，我开始跟孩子"套近乎"，每天腾出一部分时间陪孩子玩儿，游泳、打球、下棋……我们一起度过了一个丰富多彩的夏天。

暑假结束时，孩子自己觉得玩儿游戏没什么意思了，让他玩儿他都不想玩儿了。

孩子之所以沉迷于网络游戏，往往是因为他们内心空虚，网络游戏是他们寄托情感的一种途径。但如果在现实生活中，孩子有很有意义的事情要去做，他们想打网络游戏的欲望就会减少很多。

美国进入网络社会比中国早，孩子们接触网络的机会也比中国多，但是美国青少年网络成瘾的问题远不如中国严重，原因就在于美国的青少年有丰富的课外生活。这一点很值得我们中国的父母学习，也就是说，家长们工作再忙，也不要忽视对孩子的关心，要时常与孩子交流，让他感觉到你的重视与爱护。与此同时，家长们要注意培养孩子广泛的兴趣，当孩子兴趣多了，就无暇再顾及网络了。

（2）应对"网恋"——不打，不骂，摆事实

对于初中孩子来说，"网恋"已经成为了一种时尚，甚至有些孩子下了这样的论断："谁不'网恋'谁就是'土老帽'。"到底是什么原因让这些中学生热衷于"网恋"呢？

一个8年级的女生说："在现实生活中，谈恋爱是绝对不被允许的，但在网上谈恋爱有很好的保密性，老师和家长是不会发现的。"

其实，除了这个原因，网络爱情故事在中学生中的传播，也极大地推动了中学生网恋现象的增加。

一次，我去一个朋友家做客，朋友 15 岁的女儿正在看一个电视访谈节目，当看到一个十四五岁的孩子旁若无人地说"痞子蔡，爱你一万年"时，我很惊讶，并自言自语地说："现在的孩子是怎么了！"没想到朋友的女儿却在一旁不以为然地说："阿姨，这很正常呀，我也喜欢痞子蔡，尤其是喜欢他的《第一次亲密接触》，如果我在网上要是也有男朋友，我也会选择《第一次亲密接触》中说的那种接头方式与他相会。"

那么，应该如何应对孩子"网恋"的现象呢？发现孩子在"网恋"时，家长不要惊慌，更不能打骂、恐吓孩子，而是要谨慎地处理这件事情。

这时，家长应该给孩子更多的关注，了解孩子的思想情感动向。如果"网恋"没有影响到孩子的学习，家长可以寻找一个恰当的时机与孩子进行一次朋友式的交谈，让孩子明白现阶段自己的学习任务，同时让孩子认识到网恋的不现实性和弊端，孩子就会重新考虑自己的行为。但家长在与孩子交谈时，一定要注意自己的语言，这个阶段孩子的情感是很脆弱的，他们很容易受到伤害，很容易产生逆反心理和抵触情绪。

如果网恋已经影响到了孩子的学习情况，那家长就要集中精力解决这件事情了。

我的一位朋友就面临这种情况，她的女儿正在和外地的一个网友谈恋爱，每晚打电话打到半夜，学习成绩也在大幅下降，她焦急地找到我，问我该怎么办。我告诉她，没有别的办法，只有与孩子耐心地交流才能解决问题。

结果在交流中，她发现孩子迷恋上了网络小说，于是她自己也买了几本认真地阅读起来，然后与孩子交流读后感。在交流的过程中，她潜移默化地告诉女儿，现实中的恋爱没有小说中写的那样理想化，尤其这种异地的恋情更难长远。

过了一段时间，这位家长欣喜地发现，女儿的心智成熟多了，并且自己提出要与网友彻底分手，从此要好好学习。

发现孩子"网恋"时，家长最不应该做的就是强制孩子与网友断绝关系，这样只会使孩子叛逆，甚至还会出现与网友私奔的现象。所以，遇到这种情况，家长千万不要感情用事，而是要耐心地与孩子沟通，当孩子了解到网恋的不现实性之后，孩子自然会自动放弃这段虚无缥缈的感情。

初中孩子有严重的逆反心理，家长越阻止他做的事，他偏偏要去做，网络就是这样，家长的"堵"只能强化他玩儿的欲望。因此，应对孩子网络成瘾，"疏"才是硬道理：

1. 应对网络游戏——培养孩子广泛的兴趣爱好。孩子沉迷网络是因为现实生活太孤单，如果家长能多陪陪孩子，培养他广泛的兴趣爱好，那么孩子就没空再去理会网络了。

2. 应对"网恋"——不打、不骂、摆事实。发现孩子"网恋"，家长切不可强制孩子与网友断绝关系，制止只会把孩子送向极端，明智的做法是耐心与孩子沟通，让孩子认识到网恋的不现实性和弊端，这样孩子就会重新考虑自己的行为。

② 关于早恋——正确认识孩子的早恋倾向

初中阶段的孩子对异性的想往、追求是一种正常的生理和心理现象，家长切不可视为毒蛇猛兽，而要以宽容和信任的态度正确看待。

孩子升上初中以后，家长都会有一怕——怕孩子"早恋"，从而耽误了学习。而正是由于怕，所以很多家长都十分敏感，时刻提防着孩子和异性同学的交往：偷翻孩子书包；偷看孩子日记；偷听孩子电话；发现一点儿可疑迹象就忧心忡忡甚至大惊失色，找同学求证，找老师核实，然后就是实施一系列教育、管理和限制的措施。总之，家长为这事真是劳心费神，伤透了脑筋。

其实，家长大可不必为此担心，也用不着硬性限制孩子的人际交往，事实上，没那么多孩子会"早恋"。

在平时与孩子们交流的时候，我们也曾探讨过早恋这个问题，孩子们的意见和看法大致有以下几种：

"我们怎么了，家长总是神经兮兮地盯着我们"；

"我们不过是合得来，接触多点儿"；

"我们的友谊就是纯真的友谊，别把我们想得那么坏"；

"不是我们复杂，是大人复杂了，好像非让我们承认早恋他们才甘心"；

"我们不是坏孩子，该怎么做我们都明白，家长喋喋不休的说教让我们烦透了"；

"真正做出格的事我们也不赞同，那肯定是极个别的"。

看，这些都是孩子的心里话，正如他们所说的那样，他们并没有大人想象中的那么复杂。

此外，初中阶段的孩子，正值青春期，出现对异性的朦胧好感很正常，通过与异性的交往认识自己和认识异性，也是成长必须经历的一个过程。家长们也别忘了，我们也是从青春期走过来的，我们也曾有过那样的经历与体验。

因此，关于早恋，我的建议是，家长们一要认真关注、细心观察孩子在青春期阶段的细微变化，不可掉以轻心；二要持宽容与信任的态度，给孩子自我思考、自我认识的时间和空间，以看似不经意的态度给予艺术性的点拨或指导。

（1）及时发现孩子的早恋倾向

我一直向我的学生家长灌输这样一种思想：**应对孩子的"早恋"现象就像治病一样，要坚持"早发现，早治疗"的原则。**对于这些有恋爱苗头的初中孩子来说，如果他们已经谈恋爱很长时间了，那他们就像一个病入膏肓的病人一样，即使医生的医术很高明，要想把病彻底治愈也需要很长的时间；但如果孩子刚刚产生恋爱的倾向，家长及时地对其进行引导，那么孩子不仅不会痛苦，还会很轻松地就摆脱"早恋"的困扰。所以，家长一定要及时发现孩子的早恋倾向。

一般来讲，当孩子有"早恋"倾向时，他们通常会表现出以下几种状况：

◇ 他（她）突然变得很爱打扮，并常对着镜子左顾右盼；

◇ 一向朴素的他（她），突然要求父母添置时髦衣服；

◇ 他（她）的学习成绩突然有明显下降，并持续了一段时间；

◇ 活泼好动的（她）开始变得沉默起来；

◇ 他（她）回家后喜欢一个人躲在房间里，不太喜欢和父母交流；

◇ 他（她）对某个异性的名字特别敏感；

◇ 他（她）经常会在无意间谈起公园、溜冰场、音乐茶座等一些场所；

……

以上几种状况，只要你的孩子达到了三项，那他（她）不一定谈恋爱，但一定有了恋爱倾向。因此家长一定要及时引导孩子绕过"早恋"这个危险禁区。

其实，大多数初中孩子的恋情都是盲目的。我曾问过很多"早恋"的孩子谈恋爱的原因，没想到他们中的大多数都这样回答我："看到大家都在谈恋爱，我也来试试。"因此，家长们一定要让孩子理性地看待恋爱。

一天，儿子对妈妈说："妈妈，我喜欢上了班上的一个女生。"

妈妈先是一愣，接着平静地对孩子说："恭喜你儿子，这说明你长大了，眼界开阔了，会欣赏别人了。"

儿子一看妈妈这么开明，又接着说出了自己的心里话："可是，妈妈，我不知道怎样对待这种感情。"

"傻儿子，让妈妈来帮你分析一下吧。首先，妈妈要告诉你，我和你爸都不会阻止你跟谁谈恋爱、跟谁结婚，但妈妈一定要先帮你把这件事情分析清楚：如果你以后想在咱们的这个小城市发展，你就继续跟她交往下去；如果你以后想去大城市发展，那就应该去大城市解决这个问题；如果你希望自己有一天能出国，那就应该根据自己的志向再去解决这个问题。"

后来，儿子很平和地跟那个女生分手了，妈妈问他原因时，儿子很不好意思地说："我将来的理想是当个飞行员，要在全国各地飞来飞去，如果现在就把自己的'困'在这个小城市里，有点儿为时过早了。"

大多数初中孩子的恋情都是盲目的、非理性的，为了预防这种非理性的恋情继续发展下去，家长一定要及时给这些孩子灌输理性的恋爱观。尤其是当孩子刚刚出现恋爱的苗头时，只有理性的思想才能让他们彻底走出"早恋"。

（2）在任何时候都要相信孩子

曾在一本杂志上看到过这样一篇文章：

男孩和女孩是同班同学，因为他们的座位是前后桌，他们相处得很好，生活中互相帮助，学习上互相鼓励。但正是因为他们走得太近，老师和同学们都误会他们在谈恋爱。

这件事情很快就传到了两个孩子家长的耳朵里，这两家的家长都听信了这个传言，回家后都把孩子批评一番，结果两个郁闷的孩子一商量，做出了一个决定："既然连家长都说我们在谈恋爱，那我们就真的试试谈恋爱吧！"结果，两个天真的孩子离家出走了……

不仅是家长对"早恋"敏感，这些初中孩子对此更敏感，看到男生和女生经常在一起聊天，他们就会误以为人家正在谈恋爱；如果男生和女生走得很近，他们更会以为他们在谈恋爱，并且还会把这些消息散布出去……所以，家长经常会听到这样的"小道消息"：他（她）与××正在谈恋爱。

听到这样的消息，绝大多数的家长都会像上面案例中的家长一样，不分清红皂白地就指责孩子不应该谈恋爱。其实，家长们的这种做法是很危险的，我们都知道，初中孩子有很强的自尊心，如果连家长都不相信孩子，那孩子的自尊心一定会受到很大的伤害，进而他们会真的去尝试"谈恋爱"来让家长生气。

当然，还有一个很重要的原因，初中孩子很容易对异性产生好感，当他们与某一个异性走得很近时，这说明他们很欣赏这位异性。同学们的传言，他们只会当做玩笑，但如果连家长也在误会他们谈恋爱，他们就会彻底冲破心底的那道防线，毫不愧疚地谈起恋爱来。

因此，遇到这种情况，家长最聪明的做法就是相信孩子，不论别人怎样说都相信孩子。例如，听到别人说孩子正在"早恋"，家长可以这样对孩子说："有人说你和班里的一个异性同学正在谈恋爱，我坚决不相信这个消息，我知道，你的目标是考入名牌大学，我相信你决不会在这种小事上犯错误的。"听到家长如此信任自己，即使孩子有谈恋爱的倾向也会就此打住。所以，在听到一些"小道消息"时，家长一定要理智，你的信任是对孩子最大的帮助。

名师点睛

孩子在初中阶段出现对异性的朦胧好感是其成长过程中必经的过程，家长没有必要闻"早恋"而色变，而是要正确地认识孩子的这种倾向，关注孩子、引导孩子，使他顺利地度过这一阶段。

1. 及时发现孩子的早恋倾向。早发现，早治疗，家长及时发现孩子的早恋倾向并对其进行引导，那么孩子定会很轻松地就摆脱"早恋"的困扰。

2. 在任何时候都要相信孩子。对于孩子来说，家长的信任就是对他最大的帮助。

3 关于偶像崇拜——既不放手让孩子追，也不阻止他去追

孩子追星，是一个普遍的社会现象，家长引导得当，则是一种激励；引导不当，则易导致逆反，适得其反。

我曾经接触过这样一位家长：

他告诉我，他的女儿非常喜欢加拿大摇滚小天后艾薇儿，卧室墙上、书本上、笔记本上都贴了许多艾薇儿的海报，艾薇儿的每次演唱会她都要收看（网上）……

这位家长反映的情况，正是当下年轻人，尤其是初中生最热衷的活动——追星。

如今，追星已成为年轻人追求时尚的标志，据了解，90%以上的中学生早已加入了"追星族"。走进校园，我也常常听到这样的声音："哇，××很帅啊！""××很漂亮，我支持她！""××简直酷毙了！"这就是初中生追星的表现。此外，我还常常看到有些孩子的书包上挂满了明星的头像，书本上也贴满了明星的粘纸，还无节制地购买明星海报，更有甚者想方设法亲赴明星演唱会。

其实，青少年追星是一种很正常的现象，每个时代的青少年都有自己人生的理想，心目中都有追求的人生目标和偶像，当前的追星也是这样。那么，面对孩子追星、崇拜偶像，家长应持何种态度，采用什么样的处理方式，才能使孩子娱乐、成长两不误呢？

在初中生家长会上，当我问到这个问题时，一位家长提出一种观点："追星不是什么大事，不会使孩子学坏，他要有这个兴趣就让

他追呗，我不管他。"

生活中，确有一部分家长像这位家长一样开明，对孩子放任自流，但家长这样做，孩子真不会有事吗？答案是否定的，而且这样做对孩子的影响还不小。初中生正处于青春期，心理不成熟，阅历浅，感情容易冲动，甚至会做出一些不冷静的事来。记得在一张报纸上曾经看到这样一则报道：一个女孩因为没买到偶像的演唱会门票而起了自杀的念头。

另一位家长这样表明态度："绝不能姑息孩子这种行为，一定要阻止。"

生活中，也有一部分家长和这位家长一般，把孩子追星视为洪水猛兽，在他们看来，追星会影响学习，对孩子百害而无一利，于是妄加干涉，粗暴地制止孩子追星。家长这样做结果怎么样呢？我们都知道青少年时期有强烈的逆反心理，家长不准干的事孩子偏要干，于是简单加粗暴出现了适得其反的效果。家长采取的扔掉明星的 CD，撕掉名星的相片等办法，不仅造成孩子回头无望，更加加深了孩子盲从的追星心理，甚至会酿成悲剧。

2002 年韩日世界杯结束后，当热情的韩国球迷在世界杯赛场上齐声高歌《欢乐颂》时，土耳其却传来这样一个悲怆的不谐之音：一名叫扎菲尔的 13 岁小球迷，因不满其父亲粗暴干涉他蓄风靡本届世界杯的"莫西干头"，一怒之下上吊自杀了。

试问，如果扎菲尔的父亲没有阻止孩子蓄"莫西干头"，那么这出悲剧会发生吗？我想家长们心里已经有答案了。

无论是杨丽娟的故事，还是扎菲尔的悲剧，都折射出一个值得社会深刻反思的问题，我们应该怎样对待青少年的"追星情结"？

某次逛论坛看到一位家长的应对方法，让我由衷感到佩服：

信息化时代，想要孩子与铺天盖地而来的"明星"完全"隔离"开来，几乎是不可能的事情。

我的女儿是一名小"追星族"，所幸，此女追星朝三暮四，从不固定，上个月喜欢周杰伦，下个月又爱上张靓颖，并不那么偏执。可怜了我口袋里的人民币，买海报、买碟片、发短信……更要命的是那些明星们代言的产品，用不用得着也得给她买点儿，名曰支持一把。

对于女儿追星之事，起初，我心里也曾非常着急：不顺着她吧，怕引发她的逆反心理；顺了她吧，又担心她长此以往荒废学业、迷失自我。后来，我偶然从大禹治水的故事中得到启发：大禹治水，疏而不堵，何不在孩子追星的过程中对孩子加以正确引导？只要有了适时引导，我相信她不会沉湎其中不能自拔。而想要引导，就必须比她更了解明星，进而从中寻找契机。所以，从那一刻起，我做了一个疯狂的决定：陪女儿一起追星。

女儿有她的一套"装备"：海报、口袋书、明星贴纸……我有我的秘密武器：及时、同步从网上搜索下载女儿崇拜的明星资料，包括身高、体重、生日、喜好等，一应俱全。

几年前张靓颖通过超级女声节目火了，女儿随之也喜欢上了她，于是我抓住这个机会引导女儿："你看人家张靓颖，人长得漂亮，舞跳得漂亮，英文歌唱得更是漂亮，如果有一天你见到你的偶像，人家用英语和你对话，你答得上来吗？"女儿摇摇头，沉默了一会儿说："妈妈，你放心，我一定好好学习英语，将来总有一天我也能和她一样，用英文唱歌。"

后来，女儿果然兑现了她的诺言，她的英语学得很棒，现在是重点外国语大学英语系的大二学生。

许多家长往往认为，明星成名靠的是漂亮的脸蛋、迷人的身材以及动听的声音，其实并非如此，明星的奋斗史和常人一样，充满曲折艰辛，他们的成功也是用心血和汗水来铸就的，他们身上还有许多值得学习的品质。这些都藏在他们光鲜亮丽的身影背后，如果家长能将其发掘出来，用来教育、引导孩子，那么"星"就是孩子人生道路上的一个榜样，能够帮助他进步。

事例中的妈妈让我佩服的地方就在于此，**她没有放手让孩子追，也没有阻止孩子，而是陪孩子一起追星，从明星身上找到可"利用"之处，让其成为孩子奋斗的目标和动力。**

所以，当家长发现孩子追星时，不妨自己也同孩子一起追星，家长了解了孩子追的"星"后，可以和孩子谈"星"，家长对"星"们发表的客观评论，对孩子的人生观与价值观的形成将起到潜移默化的影响。

孩子追星、崇拜偶像是其心理需要的反应，对这类现象，家长既不要一概反对，也不要放任自流，而要积极引导，使之理性化。

4 关于学"坏"——让孩子树立正确的是非观念

对孩子的整个人生来讲，初中阶段是很重要的一个时期，从这个时期开始，孩子今后的人生道路就已经基本上确定了。

执教多年，我教过的学生中大多数人都已经过上了自己满意而又有意义的生活，有一些人还取得了令人瞩目的成就。然而，还有一些学生，我至今还在为他们的命运而揪心。

前段时间的一个周末，一个年轻人拎着一兜水果来到我家，我一开门就认出来了，他是我教过的一个学生。他进门后说的第一句话是："老师，太长时间没见您了，怪想的，过来看看您！"

他的忽然来访让我很感动，但同时我又产生了一种揪心的感觉。从他的神态中，我能感觉到，他现在的生活很"落魄"。正如我所料，他对自己的现状十分不满，初中毕业后他就没有再读书，现在也没有个正式工作，他都将近30岁了，至今还没有成家。

送走他之后，我不禁陷入了沉思，这个学生初中3年的表现又浮现在我的脑海中：从进入初中开始，这个孩子身上的坏毛病就一大堆，上课睡觉、不做作业、与同学打架……他考试几乎就没有及格过。而且到了8年级后期，他已经彻底放弃了学习，天天和一些社会青年混在一起抽烟、喝酒、打游戏。当时，我苦口婆心地劝他："你将来会后悔的！"但他从来不听。毕业的时候，学校因为他成绩太差、表现太恶劣，因此拒绝发给他毕业证。

在与这个学生交谈时，我能明显地感觉到，他对自己在初中时的表现非常后悔，但是现在，后悔已经没有用了——没有知识，他只能靠干粗活儿赚钱；上学时养成的那些坏习惯，使他整天在浑浑噩噩中生活……

对孩子的整个人生来讲，初中阶段是很重要的一个时期，从这个时期开始，孩子今后的人生道路就已经基本上确定了。就像上面事例中的那个学生一样，如果孩子在初中阶段不好好学习，勉强初中毕业后就没再读书，那他势必很难找到一份好的工作。值得幸庆的是，他没有继续与那些不良少年为伍，否则，也许今天的他已经走上了犯罪的道路。

作为家长，我们都知道，不管孩子的学习成绩如何，在初中之前孩子都是听话的，即使有时候他们也会犯错误，但在家长的"教育"下，他们一般都能认识到自己的错误，进而改正错误。

但从孩子升入初中之后，有很大一部分孩子开始变坏，男孩学着抽烟、喝酒、打架、整天与社会不良青年为伍；女孩开始不关心学习，讲究吃穿，整天与那些爱玩儿爱闹的男生在一起……更可怕的是，他们不会听任何人的劝导、教育，而且他们明知道自己的行为不对，他们也会不考虑后果地沿着这条错误的道路走下去。所以，**孩子进入初中以后，家长一定要提高警惕，要预防孩子"变坏""学坏"。**

那么，对于青春期的孩子来说，家长应该如何做，才能防止孩子变坏，或者帮助那些"学坏"的孩子走向正确的人生道路呢？

（1）及时发现孩子变"坏"的征兆

任何事情的发生都会有征兆，比如，在地震发生前，动物会出现异常行为，地下水也会出现异常等。

孩子变坏也不例外，它同样是有征兆的。也就是说，孩子并不是突然变"坏"的，孩子变"坏"是一个渐进的过程。孩子在发生异常变化之前，必然会在言行上表现出来。只要我们留心观察，肯定能发现许多蛛丝马迹。

具体地说，家长可从以下 14 个方面仔细观察孩子的点滴变化：

◇ 语言：孩子跟父母讲话经常含糊其词，还时有撒谎现象，平时说话好吹牛、爱漫谈，对什么都不在乎，爱说谎话、黑话、脏话；说话时带有江湖气。

◇ 穿着：太过于时髦、暴露、离奇，常将衣服胸前的几个扣子解开。

◇ 外观：发型怪异，男孩突然不想理发，长发披肩，或要烫、染发，女孩过于在发饰上下工夫，脖子、手腕上挂有不伦不类的装饰物，身上有刺青，常有外伤。

◇ 行为：行踪诡秘，做事不敢让家人知道，且神色紧张；单独有房间的常反锁自己的房门。

◇ 态度：情绪变化无常，易于被激怒，会突然变得过分地顺从父母，或者常与家长赌气或自暴自弃。

◇ 作息：早出晚归，有时无端数日不归，白天常睡觉，对夜间外出去向从不说清。

◇ 物品：书包内常有与学校的课程表不一致的书，常有未做完的作业本留在书包里。

◇ 房间：在房间里贴满了异性明星的彩照或裸画；经常独自待在自己的房间里，并将门反锁，嘴上说是做功课，却常有作业完不成，学习成绩每况愈下。

◇ 纪律：纪律松懈，是非观念颠倒，好在学生中称霸、打架斗殴、惹是生非。

◇ 课业：常迟到、早退、逃学，回家后不看书，不做作业，学习成绩一落千丈。

◇ 交友：与同学来往减少，社会上的朋友增多，常有陌生的电话、书信，所交的朋友不敢介绍给家人。若孩子只与个别异性同学交往且行为诡秘，用钱突然大手大脚，这很可能是恋爱的征兆；如果孩子经常与一大帮同学（甚至社会青年）同来同去，而其中还有一些同学有劣迹，他们的谈话常避着大人，父母询问时躲躲闪闪，这说明他们已结成了不良帮派。

◇ 习惯：饮食起居不规律，贪玩无度，经常和他人交换衣服和其他生活用品，吃喝玩乐，吸烟喝酒，用钱需求量增加。

◇ 零钱：孩子将一个月或一周的零用钱在很短的时间内就花完了，又说不出用途，而其口袋里又常有来历不明的钱，数额又较大，父母则应对其实行严格监控。

◇ 视线：孩子突然变得讲话吞吞吐吐、底气不足，说话时不敢正视父母，常用眼睛偷瞄大人，这说明他一定心中有鬼，必须尽快查明根源。

以上这些状况，就是孩子变"坏"的征兆，家长一旦发现自己的孩子有类似的行为，就要立即寻求对策，采取相应的措施，防范于未然。

（2）让孩子树立正确的是非观念

刚开学没多久，一位家长就焦急地对我说："孩子上初中没几天，他什么都还没有学会，坏毛病倒添了不少，现在他一张口就带脏字，动不动就会骗我，你说这是怎么回事呀？"

其实，这些初中孩子之所以容易染上这些坏毛病，主要还是因为他们头脑中的是非观念不强烈。就拿说脏话来说吧，我曾问过很多孩子，问他们为什么总是说脏话，没想到他们竟这样告诉我："说话时带脏字是一种潮流，如果有谁说话时一本正经，就会被人笑作'土老帽儿''假正经'。"

初中阶段的孩子是最爱赶潮流的，但当他们把说脏话也当做一种潮流时，这说明他们的是非观存在严重的问题。在这种观念下，他们不会觉得说脏话有什么不雅，更不会因为说脏话而感到自责。所以，要想改掉孩子的这些坏毛病，家长先要让孩子建立正确的是非观。

说到正确的是非观，我不得不提这样一种现象，很多家长对孩子说脏话、说谎等坏现象不以为然，他们觉得这些都是小事情，只要孩子学习好就可以了，其他的不用计较太多。

　　这些家长们的观念是非常危险的。要知道，孩子并不是突然"变坏"的，孩子的"变坏"是一个渐进的过程，孩子说脏话，家长不在意；孩子说谎，家长还不在意……在这样的家教环境中，孩子就会变得为所欲为，到那个时候，家长想后悔都来不及了。因此，从现在开始，不管孩子的坏习惯有多么顽固，家长都要态度坚决地帮助孩子彻底改掉这些坏毛病。

　　在这方面，我的一位同事做得非常出色：

　　对于孩子的这些坏习惯，同事坚持"统统杀光"、"发现一个，枪毙一个"的原则。

　　在孩子刚刚上 7 年级的时候，一次，孩子带同学来家里玩，在他们聊天的时候，同事无意间听到孩子每说一句话都会带脏字，但当着孩子同学的面，他没有说什么。等同学走后，同事把孩子叫到面前，严肃地对他说："你跟同学说话时怎么老是说脏话呀？你小时候，爸爸是怎样教你的？"

　　"我们班同学都这样说话。"

　　"我不管别人怎样说话，我只知道，我优秀的儿子不能那样说话！"同事坚决地说。

　　听到爸爸没有完全否定自己，孩子没说话，但低下了头。

　　"你是不是觉得爸爸太较真了？"过了一会儿，同事语气平和地问孩子。

　　孩子点了点头。

　　"说脏话是很不好的习惯，一个人的前途很有可能就毁在一个坏习惯上面，更何况说脏话已经上升到道德的高度。你不希望自己是个道德败坏的孩子吧？"同事耐心地说服孩子。

　　现在，这位同事的孩子已经以优异的成绩考上了一所名牌大学，一次与他聊天时，他还说过："现在，我真感谢爸爸对我的坏习惯坚持了'统统杀光'的原则。"

坏习惯永远都是孩子成长的障碍，对初中阶段的孩子来说更是如此。在多年的教学过程中，我发现，这些初中孩子都是"群居动物"，也就是说，那些学习成绩相当、学习目的以及生活习惯大致相同的孩子总会聚在一起。举个例子来说，如果孩子身上的坏毛病太多，那些学习成绩好的孩子是不愿意与他相处的；同理，如果孩子身上的坏毛病太多，即使孩子不想"变坏"，那些"坏孩子"、社会不良青年也会主动接近孩子，从而使孩子彻底"变坏"。所以，**要防止孩子"变坏"，家长首先要从制止孩子的坏习惯、帮助孩子树立正确的是非观做起。**

（3）让孩子在心中树立自己的光辉形象

每个孩子心目中都会有自己的形象：有些孩子把自己想象成电视剧中的某个角色；有些孩子把自己定位成文学作品中的某个主人公；有些孩子希望自己能够成为现实生活中的某位成功人士……

但很少有孩子把自己定位成小偷、强盗、杀人犯等负面角色。那么，变坏的"问题孩子"又是如何为自己定位的呢？在调查过程中，那些"变坏"的孩子是这样回答我的：

"我想成为一位事业有成的企业家，但现在，这有点儿不可能了"；

"我希望自己成为军中豪杰，但现在看来，这有点儿难"；

"我以前总把自己想象成成功人士，但现在……我放弃了"；

……

从这些孩子的回答中我们可以看出，**不管孩子有多"坏"，他们的内心深处都是渴望优秀的**，只是现实使他们把那些渴望优秀的想法深深地埋到了心底。所以，家长要想让那些"变坏"的孩子变"好"，就要把他们内心深处渴望优秀的那些想法激发出来。

那家长们应该怎样做呢？

就拿我们成人来说，每当我们看完一部励志的电影之后，我们都会被影片中主人公的顽强拼搏精神所感动，并立志要像他们那样去努力。初中阶段的孩子更是如此，因为他们的思想和行为很容易受到外部环境的影响，所以，家长可以多带那些"变坏"的孩子去看几部励志类的电影，然后趁热打铁帮助孩子在心中重新树立自己的光辉形象。

当然，家长还可以多带孩子去接触那些孩子所佩服的人，让孩子去寻找那些人身上的成功因素，从而使孩子重新给自己定位。

我曾认识这样一位家长，他教育孩子的方法让我很感动。

孩子突然之间就变成了老师和同学们公认的"问题孩子"，这位家长很伤心，也很着急，但他没有打骂孩子，也没有给孩子讲任何大道理，而是经常跟孩子一起看孩子最喜欢看的电视节目。

因为孩子曾经跟他说过，要成为像李咏一样优秀的主持人。后来，这位家长竟然和孩子一起去参加了这档节目的现场直播，并支持孩子参与节目的互动。节目结束后，在回家的路上，家长问孩子："你有没有觉得今天李咏叔叔有些特别呀，他的眼睛好像一直注视着你，好像他对你很关注。"

"老爸，那是因为咱们坐的位置比较好的缘故吧！"虽然孩子嘴上这样说，但爸爸能看得出孩子很高兴。

"不对，你参加互动活动后下台的时候，我还看见李咏叔叔对你点头微笑呢，你们是不是在台上小声交流什么了呀？"爸爸继续问。

"没有呀，或许是因为我与他配合很默契吧！"孩子兴奋地说。

"也许他认为你是可造之才呢！"爸爸像是对孩子说，又像是自言自语。

从这之后，孩子渐渐变了，他又重新找回了以前的那个理想——做一个像李咏一样优秀的主持人。并且他正在为这个理想而改变着自己，在不断努力着。

孩子是需要鼓励的，也许来自于家长的鼓励不会产生立竿见影的效果，但孩子最崇拜的人对孩子的鼓励却可以达到这一效果。因此，家长不妨像上面的那位爸爸一样，让孩子最崇拜的人来"鼓励"孩子。

初中阶段的孩子有这样一个特点，他们总认为自己是特别的、是受任何人瞩目的，所以，家长借他们偶像之口"鼓励"他们，并不会使他们觉得虚伪。相反，这种"鼓励"会使孩子重拾信心，从而逐渐放弃那些坏毛病，找回自己从前的梦想。

孩子进入初中以后，随着年龄的增长以及接触的社会面的扩大，很容易经受不住外面世界的诱惑，从而"变坏""学坏"，这时，家长一定要提高警惕，防止孩子变坏。

1. 及时发现孩子变"坏"的征兆。孩子变坏之前是有征兆的，家长如果能够及时发现这些征兆，并采取相应的措施，就会防止孩子走上变坏的道路。

2. 让孩子树立正确的是非观念。当孩子树立起正确的是非观念之后，即使有"坏孩子"、社会不良青年来接近他，孩子也不会受到其任何影响。

3. 让孩子在心中树立起自己的光辉形象。每个孩子的内心深处都是渴望优秀的，如果家长能够把他们内心深处渴望优秀的那些想法激发出来，孩子就与变坏绝缘了。

5 孩子结交"损友"
——与孩子的朋友成为朋友

有些孩子虽然会做出某些出格的事情，但本质上并没有多坏，而且，"坏孩子"也有优点，而这些优点还可能成为他日后成功的因素。

新学期开学两个月时，班上转来了一名新同学，当我问到转学的原因时，孩子的家长是这样说的：

儿子突然变了性格，买的衣服非名牌不可，要不然就不穿，还说我们的观念老土。更要命的是，这孩子竟然抽起烟来了，还经常逃课。经过一番调查，我找到了原因：这是儿子与一群社会上的"不良少年"交往所造成的。无奈之下，我们只好为儿子转校。

其实，不单是这位家长，还有很多家长也时常向我反映，孩子经常和一些社会上不三不四的人交往。由于和这些人交往，孩子学到了很多不好的行为，比如打架、抽烟、喝酒等。而为了让孩子能够远离那些坏朋友，这些家长们也像事例中的那位家长一样给孩子转了学校，有的还搬了家。可是没过多久，他们却发现，孩子在新的地方，又结识了很多新的坏朋友。

我知道，在这样做的时候，家长们的心中都有一个共同的想法：只要让孩子离开以前的环境，他就没有机会再和以前的坏朋友相处，也就不会学坏了。但实际上，家长们的这种行为，治标不治本。也就是说，如果你没有根除孩子结交"损友"的思想，那么无论到哪里，只要孩子的这种思想还在，你就永远也无法阻止他结交坏朋友。

事实不也摆在那里了吗，换了新环境才没有多久，孩子很快就结识了很多新的朋友。

那么，家长们采取什么样的教育方式，才能彻底解决孩子交坏朋友的问题呢？每当有学生家长问我这个问题时，我都会这样回答：**首先，对孩子的某些不良行为，持宽容态度，并引导孩子做正确的事情；其次，与孩子的朋友做朋友。**

具体来说，家长们可以这样做：

◇ 首先，对孩子的某些不良表现持一定的宽容态度。例如，孩子抽烟、喝酒一开始也不过是出于好奇，打架是争强好胜的表现。

◇ 其次，顺着孩子的思路来影响孩子。例如你可以告诉孩子，用拳头取得胜利虽然是一种方式，但却是最低级的方式，一个人应该采用更高级的方式去赢得更多人的尊重。取得优异的成绩就是其中一种，当你的成绩很优秀时，会有很多人羡慕你，这可比用拳头赢得的尊重要光荣多了。

当你以宽容的态度对待孩子的某些不良表现，再顺着孩子的思路来引导孩子，你就会惊奇地发现，孩子抽烟、喝酒的情况少了，打架的次数也少了，到最后这些坏习惯全都没有了。

如果很不幸的，即便你使尽浑身解数引导，孩子还是一如既往地去结交"损友"，那么你也不要着急，碰到这种情况，你可以启动第二种方案，即与孩子的朋友交朋友。

事实上，有些孩子虽然会做出某些出格的事情，但本质上并没有多坏。在这一点上，我深有体会：

从小我都是和所谓的"坏孩子"玩儿的，但这并没有影响我考上大学。事实上，这些所谓的"坏孩子"长大后绝大多数并没有成为社会渣子，有些甚至比那些考上大学的人还成功。

为此，家长们可以和孩子的朋友成为朋友，并把他们邀请来家里作全面的认识和了解，并探索一下你的孩子究竟喜欢对方什么。也许，通过亲自了解，你可能会发现对方也有优点，从而改变自己的看法。更重要的是，当你与孩子的朋友成为了朋友，孩子所有的事情，实际上也就已在你的掌握之中了，这样一来，对孩子的教育也就更为轻松了。

一位爸爸就因为把孩子的朋友请到家里，从而改变了对对方的看法。以下是这位爸爸的原话：

有一天，儿子突然吵着想穿耳洞。我一听，火了："穿耳洞是女孩子的事情，你一个男孩子，去凑什么热闹。""我的好朋友就是男的，他也穿了。"儿子反驳道。我顿时就对儿子的好朋友产生了不好的印象，并把儿子的不合理要求怪罪在他头上，还警告孩子不要和他来往。但是，孩子没把我的警告当回事，依然我行我素地与朋友往来。

后来，我实在忍不住了，想看看这个朋友到底是什么样的一个人，于是，我就让孩子把他带回家里来。通过亲自了解，我才知道这孩子是个少数民族，老家那边有男孩子穿耳洞的习俗。而且，这孩子心地善良又乐于助人，最终我完全接受了儿子的这位朋友。

如果不是把孩子的朋友邀请到家里来，亲自去了解，这位爸爸就不会知道原来儿子的朋友并不坏，相反，他身上还有许多优良的品质。因此，**家长们在对待孩子交友问题的时候，不要一竿子打翻，认为孩子的"坏朋友"就一定坏到底，你应该与他们成为朋友，通过接触，你会发现，其实"坏孩子"也有优点，而这些优点还可能成为他日后成功的因素。**

孩子结交了"损友"，家长大可不必大惊小怪，最好的方法是把孩子的朋友邀请到家里来，通过亲自了解，也许你对他们的印象会大为改观。

6 孩子酷爱读闲书——引导孩子合理安排时间

孩子不是机器，他的承受力是有限的，不可能完全按我们的要求一直高速运转，如果孩子酷爱读闲书，那么读书就是一种积极的休息。

一天，一位妈妈跟我聊起了自己的孩子，谈到孩子最近的学习情况时，这位妈妈很忧虑地说："女儿很喜欢读闲书，尤其是言情、校园之类的小说，每晚睡觉前都要读，以前我常常是睁一只眼闭一只眼就过去了，可现在她马上就要中考了，再这样下去势必会影响学习。"

其实，这位妈妈所担忧的地方，正是一般初中孩子家长经常面临的烦恼：孩子酷爱看闲书，到底该怎么办？

的确，现在的初中生酷爱看闲书的占绝大多数，其涉猎的内容也非常广泛，从我们那个时代起就流行的言情小说、武侠小说，到后来的漫画，再到现在的网络小说、校园小说、玄幻小说，都被囊括在阅读的范围中。而且，随着电子媒介的迅速发展，孩子阅读的途径也越来越多样化，最初是到书店租书，后来发展到上网阅读，现在更为先进，用手机、MP3、MP4 或电子书从网上下载阅读。

那么，对孩子成天沉迷于读闲书，我们应如何应对呢？

说到这点，我想起了曾经接触过的一件事：

班上一个叫唐明的孩子十分迷恋武侠小说，有一次向他的同桌黄震借了一本金庸的《射雕英雄传》，说好 5 天后就归还，但是 5 天后，唐明说书没有看完，要求再续借几天，可过了几天后唐明仍未归还，还支支吾吾的，黄震以为唐明想赖着不还，就把这事告诉了我。我把唐明找来一问，他竟哭了起来，说书已被他妈妈撕碎了。

原来，他的妈妈一直反对他看闲书。那天放学回家后，他一头钻进他的房间，关上门，埋头读那本小说。碰巧他的妈妈想让他帮忙做件事，连叫几遍他都没听到，等妈妈推开房门看到儿子又在看闲书，而且还看得那么入迷时，火气一下子上来了，一怒之下就把那本小说给撕了。

生活中，许多家长都会像唐明的妈妈一样，看到孩子读闲书，"不务正业"，首先做的就是加以制止。例如一把把书抢过来撕掉，或是没收，不让孩子看，或是把孩子训斥一顿，"都什么时候了，你还有心思看这些乱七八糟的东西""课本都没有读好，你倒读起闲书来了，有这工夫怎么不看看课本。"

其实，家长的这种应对方式是一种不理智也不恰当的行为。家长不能简单地对孩子成天迷恋于读闲书加以制止，这不仅不能从根本上解决问题，搞不好，还会产生不少副作用。

这一年龄段的孩子有一种很明显的心理，通常被称之为"逆反心理"，也就是家长越禁止他做，他就偏偏要做。常有家长向我反映，自从他们禁止孩子读闲书后，孩子虽然没有像以往那样明目张胆地看了，但却偷偷地躲在被窝里看。在课堂教学时我也注意到，有的孩子不认真听讲，而是把闲书夹在课本里，或放在抽屉里偷偷地看。这样看来，家长还不如不制止的好。

不可否认，这些阻扰孩子看闲书的家长的初衷也是为了孩子好，他们担心孩子闲书读太多会影响功课，影响学习成绩。但家长要知道，对初中孩子使用强硬手段是达不到目的的，他们最反对也最讨厌的就是家长来这一套。因此，要想让孩子把学习当作"正餐"，回归到正业上来，家长还得下一番功夫，寻找其他的解决方法。

一位妈妈是这样做的：

晚上 10 点，这位妈妈走进女儿的房间，对正在津津有味地阅读安妮宝贝的小说《告别薇安》的女儿说："宝贝，妈妈和你商量个事儿好不好？你喜欢读闲书，妈妈挺赞成的，可是你看，这马上就要中考了，时间也不多了，如果你再把有限的时间放在读闲书上，是不是就有些来不及准备考试了。能不能这样呢，妈妈不制止你读闲书，而是建议你把读的时间放到每个星期天的下午，专门花 2－3 小时的时间来读？"孩子想了一会儿，点点头，答应了妈妈的要求。

看，一件很棘手的事情就这样顺利解决了。面对酷爱读闲书的孩子，这位妈妈并没有加以强硬制止，而是另寻其他方法，即和孩子约定读闲书的时间，从而达到了自己的目的。由此看来，这种方法效果要比强硬制止好得多，且有效得多。

孩子酷爱读闲书是不争的事实，但孩子的时间紧也是现实，在两者相互冲突的情况下，如何解决这个矛盾呢？首先，请家长们思考这样一个问题：假如孩子不读闲书，他的每一分钟都用在学习上了吗？不见得。孩子不是机器，他的承受力是有限的，不可能完全按我们的要求一直高速运转，如果孩子酷爱读闲书，那么读书就是一种积极的休息。现在，我想家长应该清楚这样一点了：不是说孩子不可以读闲书，而是在关键的时候应该少读。

因此，家长没有必要采取强硬的手段去剥夺孩子的爱好，最明智的做法是引导孩子，让他知道他当前的任务是学好每一门功课，应将学好每门功课作为自己的中心兴趣，而读闲书只能作为自己的一般兴趣。一般兴趣必须服从自己的中心兴趣，不能代替中心兴趣，否则就是本末倒置。

名师点睛

家长有必要让孩子知道，学好每门功课应该是他中心兴趣，而读闲书只能作为一般兴趣，一般兴趣必须服从中心兴趣，不能代替中心兴趣，否则就是本末倒置。

7 孩子爱看电视——家长要做出点儿牺牲

"其身正，不令而行；其身不正，虽令不从。"这可以作为一个对全天下父母的温馨提示。

有这样一个家庭场景：

7 年级的多多放学回到家，把书包往沙发上一扔，就打开电视看起来。6 点的时候，妈妈喊："多多，吃饭了。"多多很不情愿地站起来，在往饭桌走的同时，还不时回过头再看一眼电视。来到饭桌前，也不坐下，而是往碗里夹很多菜，又回到电视机前，边看边吃。

当时针指向 8 点时，妈妈走过来说："多多，你该做作业去了，完不成的话，明天又该挨老师批评了。"多多嘟起小嘴，拖着沉重的步子走进书房。没到半小时，多多就写完了作业，再次坐到了电视机前。

墙上的大钟响起，上面的指针显示已经 10 点了，妈妈催促道："多多，我要关电视了。现在很晚了，你该休息了，明天还要上课呢。"多多这才站起来，伸伸懒腰，回屋睡觉去了。

多多这种情况，是大多数家有孩子的家庭中非常常见的。现在，看电视已经成为孩子们生活中的一个重要组成部分，有的孩子放学一回到家，做的第一件事便是打开电视，一看就没完没了，作业不做，饭也不吃。

看到孩子这样，大多数的家长都会很不高兴，因为他们担心孩子看电视会耽误学习。有的家庭还因为这个和孩子产生了矛盾，双方的关系弄得很僵。

我理解家长们的担忧，孩子继续这样下去，铁定会影响到学习。但我要强调的是，我不支持家长采用一贯的应对方式，例如不停地在孩子面前唠叨，告诉孩子时间和学习的重要性，或是强行关电视，要求孩子回房间学习等。

这样做的结果，往往与家长的愿望背道而驰。这些初中阶段的孩子，最讨厌父母在旁边唠叨，更不喜欢家长充满强权的作风，而且这一阶段的孩子反叛意识很强，一旦他们的逆反心理被激起，他们就会与家长对着干了。退一步讲，即使孩子被迫关掉电视，坐到书桌前，他们也是"身在曹营心在汉"，以这种状态学习，和不学没什么实质性的区别。

那么，家长如何处理才能让孩子放弃看电视、玩游戏，自觉地投入到学习中去呢？这得从以下两个方面来讲：

（1）对于一般爱看电视的孩子——给孩子的行为设置限定

这类孩子对电视的痴迷程度较低，一般不会置学习于不顾。因此，家长可以适当给孩子的行为设置限定，与孩子商定一个规则，如，吃饭时不能看电视，做作业时间不能看电视或是看到几点就要去做作业。这样，孩子知道爸爸妈妈对他是松弛有度的，在看电视上就会有所收敛，并严格要求自己按规则执行。

（2）对于特别爱看电视的孩子——家长要以身作则，做出点儿牺牲

这类孩子是不折不扣的"电视迷"，只要有了电视，就会对周遭的一切不管不顾，更是会把学习完全放在一边。因此，如果不想孩子看电视，父母就要以身作则，做出点儿牺牲了。

我认识这样一对家长：

他们的两个儿子先后从全国重点大学毕业，现在都在较好的单位工作。这两个孩子在上学期间就很少看电视，也不热衷于玩游戏，

放学回到家，两兄弟就乖乖回屋，要么做作业，要么看书。我和这对家长聊过一次天，从他们的话里听出了他们做家长的智慧。

孩子的爸爸说，他们家很少打开电视，每天吃完晚饭，看会儿《新闻联播》，就会把电视关了。孩子上初三和高三的时候，他们连《新闻联播》都不看了，电视形同摆设。他们一忙活完家务活，就钻进书房，或看书，或读报，或工作。

我在这里讲这个例子，只是强调"家长要以身作则"这种教育理念。许多家长一吃完晚、饭就喜欢坐到电视机前，对此，他们给出的理由是：工作一天很辛苦，晚上看电视正好可以放松放松。殊不知，家长的生活习惯对孩子来说是一种"规则标杆"，如果他们看到爸爸妈妈总是坐在电视机前，自然就会跟着模仿，而且他们的理由也挺充分的：你们工作一天累了要娱乐放松，我学习一天也很累，也需要娱乐放松，于是他们也就像父母一样沉迷于电视了。

而家长以身作则，自己放弃看电视，就是一个很好的对孩子"现身说法"的机会。家长在书房认真学习的情形，能够给孩子一个"一辈子也忘不了"的印象，更给孩子一种巨大的震撼：父母真是太好学、太刻苦了，在这种感召之下，孩子也会像父母一样，远离电视，自觉地投入到学习中去。

对孩子来讲，喜欢看电视是他们的本性，但看电视久了，容易使孩子丧失学习主动性，因此，家长一定要加以重视，采取应对措施，别再让孩子长期沉迷在电视中。

其中，最有效的方法是家长以身作则，做出点儿牺牲。

8 老师不重视——告诉孩子，只有自己重视自己，老师才会重视你

孩子如果因为老师的重视不够，而在学习上产生挫败感，对他的学习来说无疑是非常遗憾的。

作为学生，除了关注自己的成绩，老师对他的态度是他最为关注的事情，老师对其重视与否，也会直接影响他的学习状态。

前段时间，我上初中的小侄子就非常郁闷地向我抱怨："老师一点儿都不重视我，我学给谁看啊？不学了，不学了！"

看着小侄子一副义愤填膺的样子，我不禁哑然失笑：学习是学给老师看的吗？

家长们都知道当然不是。然而，事实上，在学习过程中有小侄子这种想法的孩子却并不在少数。老师重视他们，他们学习的劲头就足，老师的注意力一放到了别人身上，他们就觉得自己不受重视了，学习就会懒散下来，好像学习是一件很艰苦的工作似的。

其实，孩子们的这种表现，也很好理解。初中阶段的孩子，已经具备了很强的表现意识。在学习过程中，怎么才能证明自己是优秀的，是出类拔萃、表现突出的？在孩子们看来，自然就是老师的重视程度。老师越是重视你，说明你越是出色的，老师不重视你，说明你是平凡无奇的。正是因为这样，很多孩子一旦觉得自己脱离了老师的视线，就会生出一些挫败感：我是不是学习不好了？我是不是让老师失望了？

在这样的思想影响之下，孩子们学习的状态就会大受影响，就

会像我的小侄子一样，觉得老师不重视他，学习起来都没有动力。

然而，作为一个老师，每天要面对那么多的学生，精力毕竟有限，不可能对每个孩子都照顾得面面俱到。孩子如果因为老师的重视不够，而在学习上产生挫败感，这对他的学习来说无疑是非常遗憾的。

所以，作为家长，当你发现自己的孩子因为老师对他不够重视而影响到了他的学习积极性时，就要及时采取措施帮助孩子。

具体来说，如何做呢？**告诉孩子，只有自己重视自己，老师才会重视你。**

一位学生家长就是这么做的：

女儿薇薇在 7 年级下学期时，有一段时间，总是闷闷不乐。问她怎么回事，她委屈地跟我说："老师不喜欢我了，老师不愿意管我了。"

听到女儿这话，我明白了，孩子是因为老师对她不够重视，在伤心呢！

望着女儿泪汪汪的眼睛，我说道："其实，你这样的情况，在妈妈上学时也曾经历过。"

女儿听我这样说，好像找到了知音一样，更是对我大吐苦水："那妈妈是不是也很难过，是不是学习起来就特没劲儿了？"

我故意装作不在乎的样子说："没有啊，老师不重视我，说明我不够优秀，只有我自己重视自己，先让自己变得特别棒，不就能够引起老师的重视了吗？"

女儿看着我，似乎想到什么，点点头道："妈妈说得有道理。"

打那之后，女儿学习比以前更用功了，成绩也渐渐在班上冒了头儿，自然而然就被老师重视了。

初中阶段的孩子，对老师目光的渴望是超乎我们想象的。然而，老师的精力毕竟有限，多数时候，目光都停留在两类孩子身上：成绩优异和成绩较差的。这样，成绩在中等水平的孩子就会常常被忽视。

如果孩子因为老师对自己的不重视，而在学习的过程中，积极性不高，那么最终影响的还是孩子自己。所以，作为初中孩子的家长，当你发现孩子因为老师的不重视而学习积极性受挫时，就要告诉孩子："老师不重视你，你才要更重视自己，只有先改变自己，才能改变自己在老师心目中的地位，得到老师的重视和青睐。"

名师点睛

孩子因不被老师重视而学习积极性受挫，其实是件很遗憾的事，因为这会影响到孩子的学习。如果家长能告诉孩子，只要自己重视自己，老师才会重视他，那么孩子定会重燃学习的斗志。

9 孩子与同学相处不好——告诉孩子要"大度"

与同学相处不好是孩子初中生活中不可避免会遇到的问题，家长不可等闲视之，视其为小事，小事虽小，也有可能毁了孩子。

早上去学校，在校门口碰到一个"押送"孩子上学的家长，问及原因，这位家长很无奈地对我说："按理说孩子都上初中了，家长就没有必要再送了，可是孩子最近不知道怎么回事，在家高高兴兴的，脸上多数为'晴天'，一从学校回来就阴着个脸，后来发展到不想上学了，没办法我只好亲自押送他来。"

在平时的教学过程中，我接触过很多家长，他们也像这位家长一样，总是百思不得其解，孩子在家明明心情很好，可是从学校回去以后脾气就变得很暴躁，有的孩子还把学校视为洪水猛兽，恨不得永远也不要踏入学校一步。

这是为什么呢？既然孩子是从学校回去以后才性情大变的，那么问题准出在学校身上。

我认识那个被家长"押送"上学的孩子，他是我们年级某个班的学生，通过他的班主任，我搞清楚了他不愿意上学的原因——班上的"小霸王"伟伟欺负弱小的同学，他看不惯就和伟伟争吵起来，然后伟伟打了他一拳，他恨死伟伟了，不想再看到伟伟。

步入初中阶段的孩子，虽然年龄增长了，但有时候心性却没有与年龄同步，大人看来芝麻绿豆点的小事在孩子眼中有可能会很严重，而且还会成为影响他们情绪的大事，就像事例中的那个孩子，与同学闹矛盾，有小摩擦才多大点儿的事，但孩子却由此产生了厌学心理。

与同学相处不好，这在教育的过程中往往被家长忽视，但事实上却是孩子初中生活中的一个小"坎"，它同样是导致孩子厌学的重要因素，同样会对孩子的学习、身心造成影响。因此，作为家长，切不可等闲视之，视其为小事，小事虽小，也有可能毁了孩子。

那么，面对这种情况，家长该如何做呢？一位家长跟我分享他的做法：

孩子早上高高兴兴地出门，晚上板着个脸回来了，还把书包往沙发上一摔，气狠狠地宣布："我再也不去上学了。"一问才知道，原来孩子的同桌起身时不小心把墨水瓶打翻，墨水溅在孩子刚买的衣服上，把衣服弄得脏兮兮的，孩子很生气，发誓永远也不要见到同桌。

弄清楚了缘由，我告诉孩子要大度一些，原谅同桌的过错。孩子听后撅起小嘴，看似有点儿不乐意，我决定让他亲身体味一下被人宽容以待的滋味。当天晚上，孩子洗碗时不小心打碎了一个碗，我知道教育孩子的时刻来了。于是，我大声对他喊："你怎么搞的，笨手笨脚的，这么简单的事都能出错。"孩子看到我这种态度，伤心地哭了起来："我又不是故意的。"这时，我温柔地对他说："谁都有不小心犯错误的时候，我只是想告诉你，因为不小心犯了错误而不被人原谅是很不舒服的，这正如你不原谅你同桌的不小心一样，你说是吗？做人要大度一些，要学着宽容，这样人与人之间才能友好地交往下去。"孩子点点头，说明天去学校要告诉同桌他原谅他了。

在孩子漫长的学习生涯乃至人生道路上，不可避免会与同学或周围人产生矛盾、摩擦，家长作为孩子的引导者，我认为可以像这位家长学习，告诉孩子以大度与宽容之心去与他人交往，采用这种柔和的处理方式孩子一定会收获很多。

名师点睛

　　孩子在初中生活中不可避免会遇到与同学相处不好的情况，这看似只是微不足道的小事，但实际上这却是阻碍孩子成长的"坎"，因此家长一定要正视它，采取措施来帮助孩子顺利度过，如告诉孩子要"大度"。有大度之心，能宽容别人的孩子，在学校一定有不错的人缘。

10 孩子选择放弃自己——试着放手 让孩子自己去飞

当孩子选择放弃自己时，家长不妨赌上一把，狠下心来，放孩子自己去飞。要相信，当孩子飞累了，厌倦了，觉得没意思了，他自然会重新回归，且更为珍惜目前的生活。

┼+┼+┼+┼+┼+┼+┼+┼+┼+┼+┼+┼+┼+┼+┼+┼+┼+┼+┼+※

每个学校都会出现这样一种现象：个别孩子往往不能坚持把初中念完，在中途就提出退学，选择放弃自己。

下面是我遇到的一个例子，很有代表性：

一位 9 年级孩子的母亲告诉我，开学没多长时间，孩子就说什么也不去上学了，她用了很多办法，可孩子就是不去。当然了，她没有用打骂或强迫的办法，因为她知道打也没用。这位母亲还说，她的女儿是一个聪明、活泼、有爱心的孩子，喜欢文学，唱歌跳舞是强项，口才也不错，以她现在的成绩不一定能考上重点高中，但普通高中是一点儿问题都没有。

这么一个优秀的孩子，要是真放弃了学习，我也觉得很可惜，我很想知道她为什么要放弃自己。于是，我把小姑娘找来，简单交流了一番，以下是我们两人的对话：

"你为什么不愿意上学呢？"我开始了和小姑娘的面询。

"压力太大了，在学校成天都是学习，话题总离不开中考，我感受不到快乐。"小姑娘回答说。

停顿了一会儿，她又接着说："我已经想好了，我不念书以后要自己开个小店，不用赚太多的钱，只要够花就可以了。"

事实上，在中途选择放弃自己的所有孩子中，大多数孩子之所以不想继续上学，理由就像小姑娘所说的，学校压力太大，外面的世界很精彩。

　　一到初中，面对日益繁重的学习负担和激烈的竞争，以及周围人殷殷期盼的目光，许多孩子都会出现不适应的现象。随着时间的流逝，一些承受能力较强的孩子逐渐适应了忙碌与紧张的氛围，学习步入正轨，而少数孩子因承受能力较弱，始终进入不了状态，由此就产生了畏难情绪，打起了退堂鼓。

　　此外，随着年龄的增长，这些孩子与社会的接触也越来越多，而一些孩子经不住诱惑，极易被外面五彩缤纷的世界所吸引，这样一来，他们就会排斥学校的学习，产生逃出束缚他们的藩篱，投入到外面世界的想法。

　　一边是压得喘不过气的学习，一边是五彩缤纷的世界，一些意志力不够坚定的孩子，当然会选择倒戈，选择放弃学习。

　　面对这些去向坚决，似乎十头牛也拉不回来的孩子，家长又该如何应对呢？苦口婆心，肯定不行，这时候"糖衣炮弹"在孩子身上都不会起效；打骂，更行不通，家长来硬的，孩子比家长还硬。由此看来，即便家长软硬兼施，孩子也是软硬不吃。

　　这也不行那也不行，那到底有没有行之有效的方法呢？虽然没有普遍适用的方法，但较为有效的方法还是有的，一位家长的方法就很不错，他认为这时候应该按照孩子的心愿来。

　　下学期就要升上 9 年级的孩子一天很郑重地对我们说："从明天起，我不去上学了。"当时我们没当回事，认为这是孩子心血来潮突然开的一个小玩笑。可第二天早上快 7 点半了，孩子的屋里还没有任何动静，我打开门一看，孩子还在床上酣然沉睡，根本就没有要去上学的迹象。

　　这时我有点儿慌了，看来他昨晚说的话是真的，我急忙把孩子叫醒，连番盘问他，他告诉我，他已经决定了，他不想再待在学校了，要出去闯一闯，让我们放开手让他自己飞。

我犹豫了一下，答应了孩子，他从此以后不用再去学校，前提是从这个暑假开始出去闯一下。当时孩子的妈妈很生气，骂我疯了，怎么能答应孩子如此荒唐的要求，但我还是坚持自己的决定。

转眼间，学校放暑假了，我对孩子说："你不是要出去闯一闯吗，我为你找了一份工作，在一家装修公司当学徒。"孩子高兴地接受了，第二天一大早就出门了。

到了晚上回来，孩子大声抱怨工作一点儿都不好玩，累得要死，我充耳不闻。以后一个月的时间里，孩子天天都回来诉苦，强调的都是工作没有念书好之类的意思，我依然装作不当一回事儿。

新学期开学的前一天，孩子终于忍不住了，走到我跟前，低着头说："老爸，你还是把我送回学校吧，我保证以后一定好好学习。"没多说什么，这次我照样答应了孩子的要求。诚如他保证的，重回学校以后，他确实认真了很多。

这位家长的做法表面上是被逼上梁山的无奈之举，但实际上却有着深刻的教育意义。他这样顺从孩子，不仅避免了亲子间的冲突，更重要的是通过另外一种方式——让孩子去打工，让社会给孩子上了一堂学校里学不到的教育课。孩子实现了自己独自飞翔的梦想，踏入梦寐以求的世界，却发现，原来这个世界不如自己想象得那般美好，在巨大的落差与比较之下，孩子开始怀念以前美好的学校生活，虽然有时候有点儿累，但那种累可比走入社会的累轻多了。因此，当孩子重新返回校园后，就会更加珍惜目前的一切。

名师点睛

初中孩子因为学习压力大，再加上被外面五彩缤纷的世界吸引。这时，家长不妨赌上一把，放孩子去飞，孩子飞累了，厌倦了，定会选择回归，放弃以前的想法。